INHALT

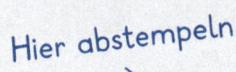
Hier abstempeln

Hier abstempeln

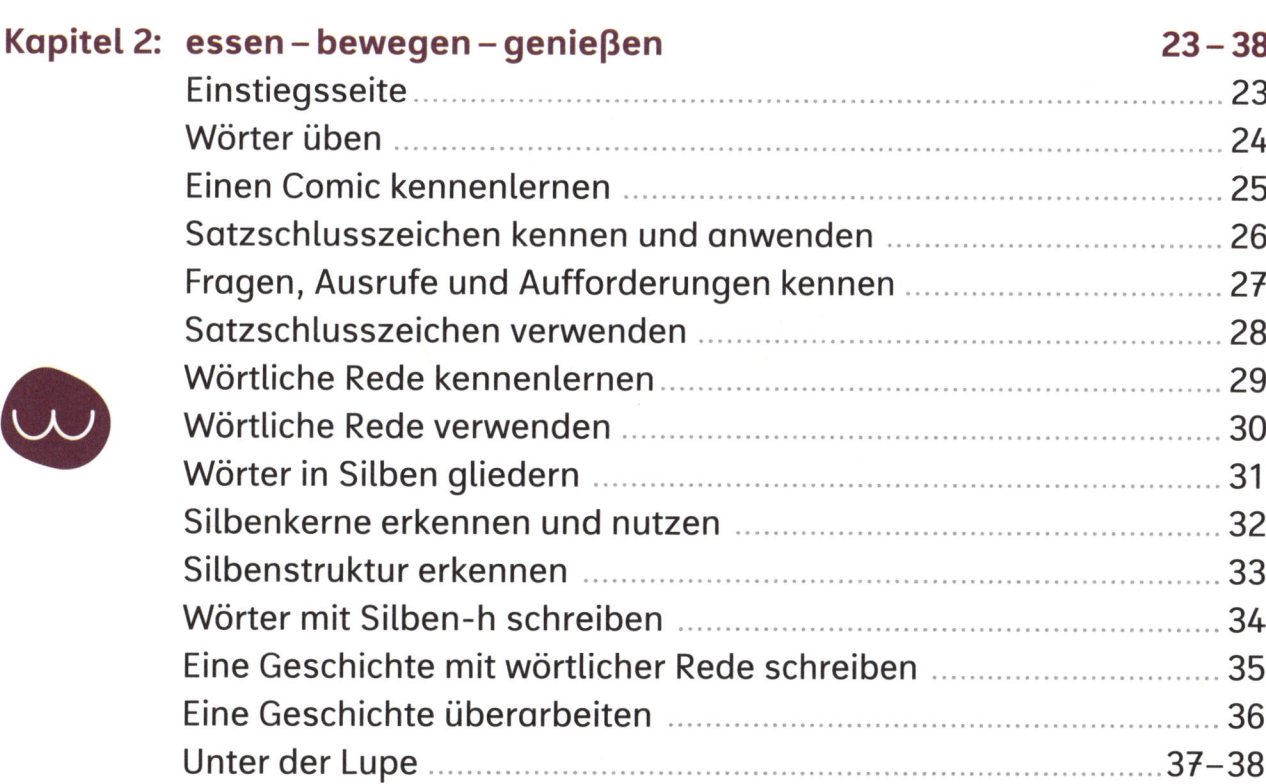

INHALT

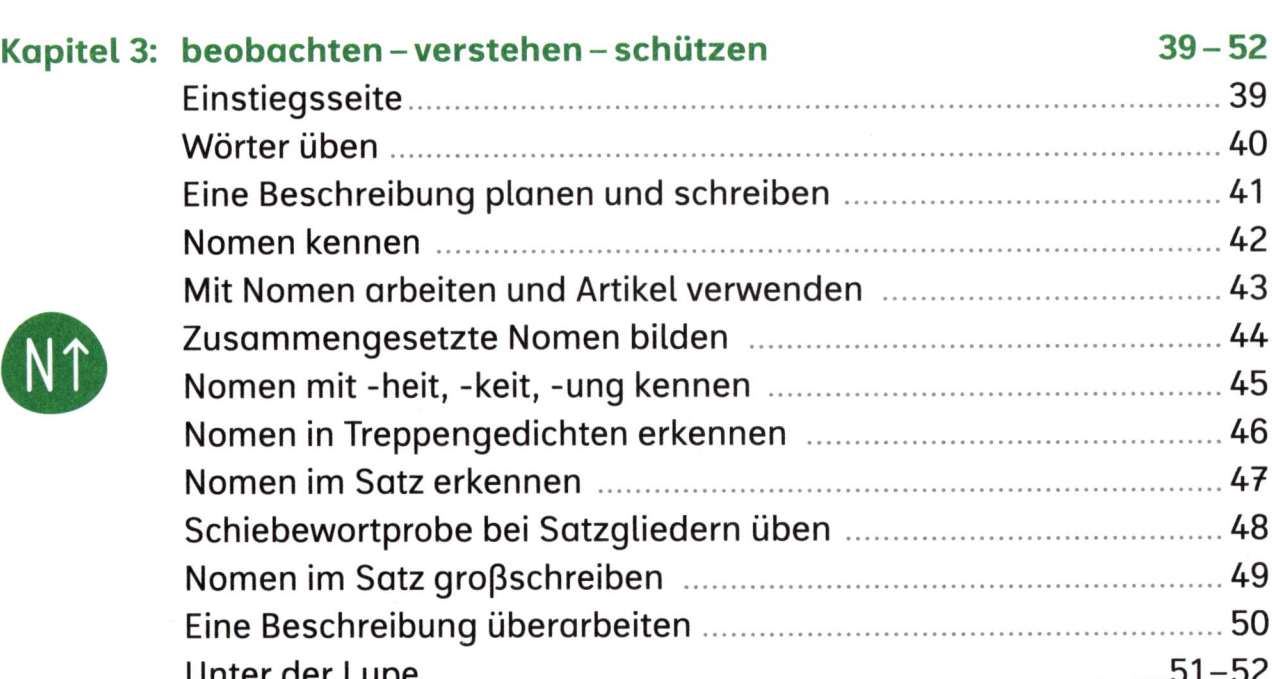
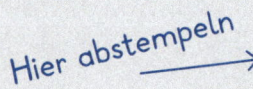

Hier abstempeln →

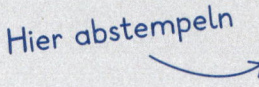

Hier abstempeln →

INHALT

Hier abstempeln

Hier abstempeln

Das sind wir ...

Ich heiße Elsa.
Mein kleiner Hund Uno
folgt mir auf Schritt
und Tritt – außer wenn
ich in die Schule gehe.
Dann bleibt er natürlich
zu Hause.

Hallo, ich heiße Lulu.
Meine Hobbys sind
Malen und Judo.
Außerdem macht es mir Spaß,
spannende Rätsel zu lösen
und Neues zu entdecken.

Hi, ich bin Paul.
Ich finde gern heraus,
wie Dinge funktionieren.
Das hilft uns auch manchmal
bei unseren Fällen.
Meine allerbeste Freundin
ist meine Hündin Murmel.

Hallo, ich bin Umut!
Ich erzähle voll gern
Geschichten – besonders
über unsere Detektivabenteuer.
Unsere Fälle sind nämlich
oft richtig cool!

Kapitel 1

leben – lernen – respektieren

Paul und Murmel im Park

Baden mit Oma im See

1 Schreibe dein schönstes Ferien-Erlebnis auf.

2 Was hat dir in deinen Ferien nicht gefallen?

3 Wen hast du in den Ferien besucht?

4 Male dein Ferien-Lieblingsessen:

1 Setze die Wortgrenzen. Kreise bei jedem Wort den ersten Buchstaben ein.

ZUGSCHIFFMEERDEUTSCHLANDHITZE

FAHRRADSTADTSTRANDFERIENFLUSS

TREFFENPACKENSCHWIMMENERLEBEN

2 Schreibe alle Wörter nach dem Abc geordnet auf.
Achte auf die Großschreibung.

3 Schreibe die Wörter richtig auf:
■ropa, Flugzeu■, intere■ant, glü■lich, drau■en, Urlau■

› Wortschatz erweitern und selbstständig üben
› Alphabet als Ordnungssystem nutzen

› Sprachbuch, Seite 8

 **1** Welche Vorlage zum Aufschreiben passt zu Umuts Idee?
Kreuze an und begründe deine Entscheidung.

Mein Lieblings-Essen:

- Gözleme (knuspriges Fladenbrot mit verschiedenen Füllungen)
- frische Wassermelone

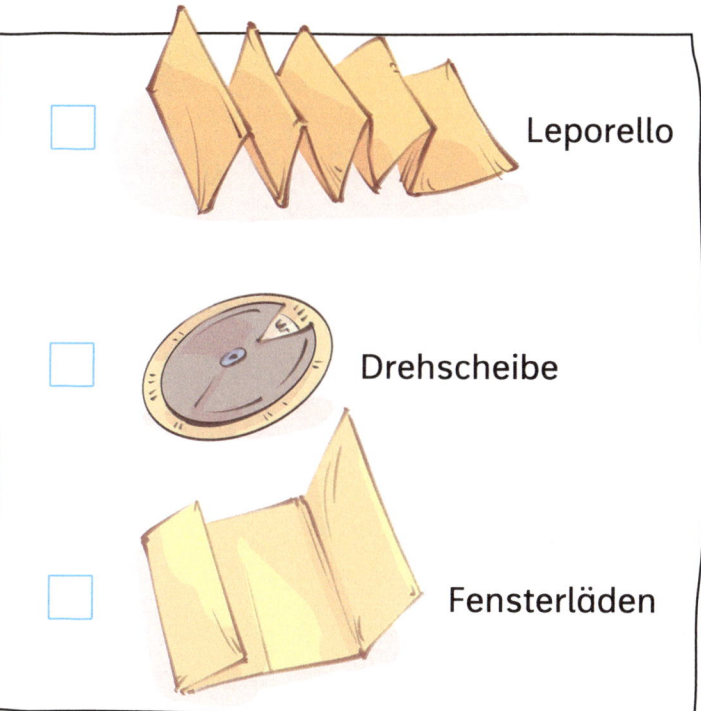

☐ Leporello

☐ Drehscheibe

☐ Fensterläden

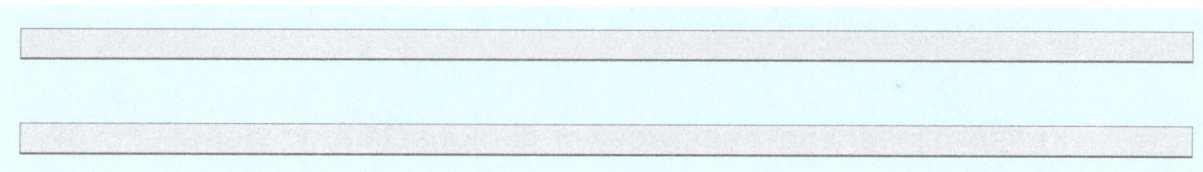

 **2** Paul hat sich ein Memo-Flip ausgesucht.
Schreibe seine Erlebnisse auf.

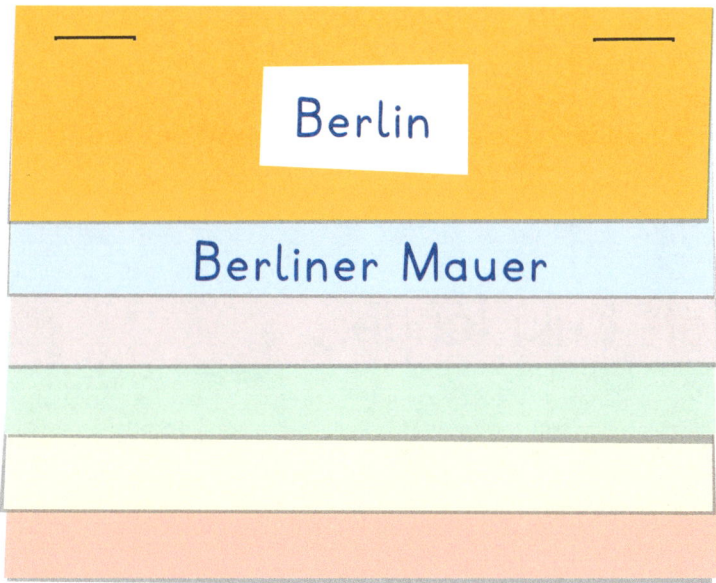

Berlin

Berliner Mauer

Wir waren in Berlin.
Dort haben wir die Berliner Mauer,
den Fernsehturm, die Siegessäule
und das Brandenburger Tor gesehen.
Am schönsten war aber der Besuch
des Naturkundemuseums.

› informierenden Text verfassen: Lapbook
› verständlich, strukturiert und adressatengerecht schreiben
› Texte planen

› Sprachbuch, Seite 8, 9

9

1 An welcher Stelle im Satzbus können die Wortkarten platziert werden?
Schreibe die Sätze auf.

| Elsa | | in den Urlaub | | mit ihrer Tante |

fährt

| ihre Tante | | nach Italien | | am liebsten |

reist

2 Kreise in jedem Satz ein, was vor der Reiseleitung steht.

3 Welches Wort oder welche Wortgruppe kann vor der Reiseleitung
platziert werden? Schreibe zwei weitere Möglichkeiten auf.

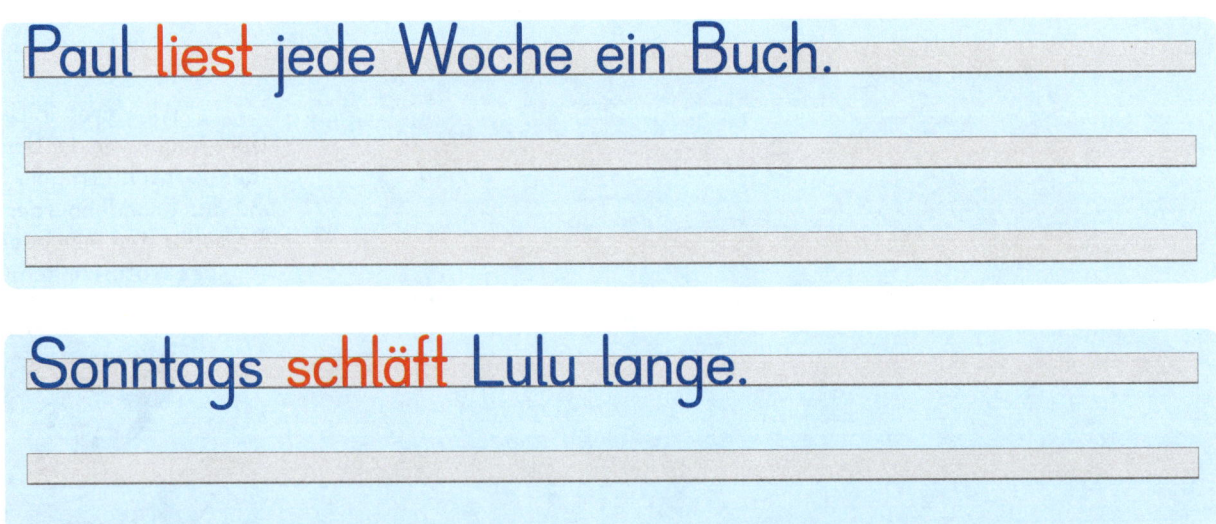

Paul liest jede Woche ein Buch.

Sonntags schläft Lulu lange.

10
> sprachliche Operationen kennen und nutzen
> Struktur von Sätzen erkennen: Satzglieder
> grundlegende sprachliche Begriffe kennen: Satzglied
> Sprachbuch, Seite 10

 **1** Wende die Busprobe an. Probiere alle Möglichkeiten aus und schreibe die Sätze auf.

| Paul | Tirol | in | die | Berge | über | tollen |

staunt

2 Kreise die Satzglieder ein. Aus wie vielen Satzgliedern besteht der Satz? Zähle und schreibe auf.

Der Satz hat _____ Satzglieder.

3 Vervollständige den Satz.

Umuts Onkel _____ am liebsten im _____
nach _____.

4 Wende die Busprobe an. Schreibe alle weiteren Möglichkeiten auf. Kreise die Satzglieder ein.

› sprachliche Operationen kennen und nutzen: Vorfeldprobe   › Sprachbuch, Seite 11
› Struktur von Sätzen erkennen: Satzglieder
› grundlegende sprachliche Begriffe kennen: Satzglied

11

 **1** Wende die Busprobe an. Schreibe alle Möglichkeiten auf.
Kreise die Satzglieder ein.

In den Pausen geht Umut zur Toilette.

Auf dem Rastplatz isst Elsa einen Hamburger.

 **2** Kreise in den Sätzen das Verb ein. Wo steht das Verb?

Das Verb steht _____.

 **3** Hier sind die Satzglieder durcheinander geraten.
Ordne die Sätze und schreibe sie richtig auf.

Manche Reisende viele Fragen haben.

Manche Busse eine Klimaanlage haben.

 **4** Kreise in den Sätzen das Verb ein.

› sprachliche Operationen kennen und nutzen: Vorfeldprobe › Sprachbuch, Seite 12
› Struktur von Sätzen erkennen: Satzglieder
› grundlegende sprachliche Begriffe kennen: Prädikat

1 Vervollständige die Sätze. Verwende die Verben in der richtigen Personalform.

Elsa _____ ihr Rätselheft _____.

Der alte Mann _____ seinen Hut _____.

Um 13:12 Uhr _____ der Zug _____.

aufsetzen
einpacken
abfahren

2 Bilde Sätze und schreibe sie auf.

Murmel   Elsas Eltern   kommen   alle Leckerlis   auf   .

frisst   am Abend   zurück   .

3 Kreise beide Prädikatsteile ein und verbinde sie.

Manchmal besteht das Prädikat aus zwei Teilen. Der Bus fährt pünktlich ab.

4 Bilde mit den Verben Sätze und schreibe sie auf.

mitnehmen   einschlafen   aufessen   austrinken

Paul nimmt

› sprachliche Operationen kennen und nutzen: Vorfeldprobe   › Sprachbuch, Seite 13
› Struktur von Sätzen erkennen: Satzglieder
› grundlegende sprachliche Begriffe kennen: Prädikat

13

 **1** Bilde aus diesen Sätzen Fragen und schreibe sie auf.
Stelle das Verb an den Satzanfang.

Das Flugzeug fliegt nach Madrid.

Manche Urlauber warten ungeduldig auf ihre Koffer.

 **2** Was möchte Pauls Oma gern wissen? Schreibe ihre Fragen auf.
Stelle das Verb an den Satzanfang.

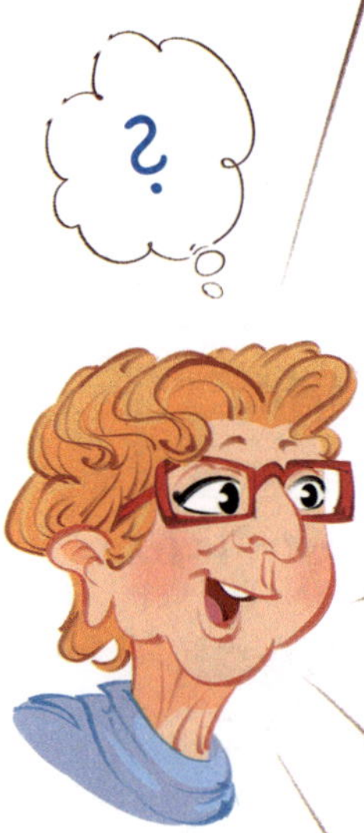

Kommt der Zug pünktlich?

Der Zug kommt pünktlich.

Der Zug hat einen Speisewagen.

Sie sitzen im Abteil 5.

Es gibt eine Toilette an Bord.

Der Zug hält in Hamburg.

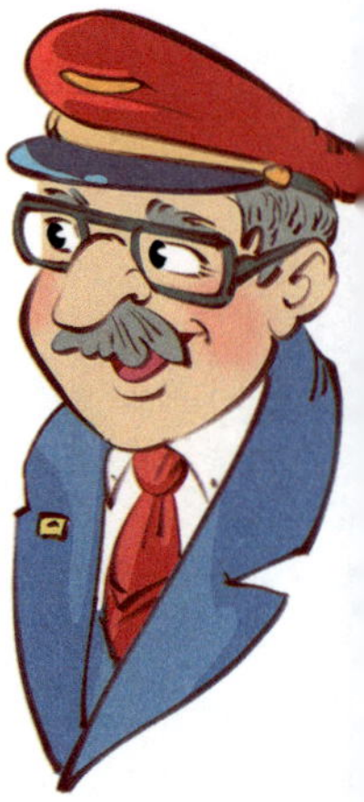

 **3** Kreise das Verb und das Fragezeichen ein.

› sprachliche Operationen kennen und nutzen: Vorfeldprobe › Sprachbuch, Seite 14
› Struktur von Sätzen erkennen: Satzglieder
› grundlegende sprachliche Begriffe kennen: Fragesatz

1 Sag es genauer. Nutze die Informationen des Plakates und verlängere die Sätze.

Wir fahren mit dem Schiff.

Wir fahren mit dem Schiff _____ .
(Wohin?)

Wir kommen in Oslo an.

Wir kommen

_____ in Oslo an.
(Wann?)

Wir bleiben in Oslo.

Wir bleiben _____ in Oslo.
(Wie lange?)

Die Rückfahrt ist spät.

Die Rückfahrt _____ ist spät.
(Wohin?)

Reise nach Oslo

› Abfahrt ab Kiel:
05.03., 7:00 Uhr

› Ankunft in Oslo:
06.03., 12:00 Uhr

› Rückfahrt ab Oslo:
08.03., 23:00 Uhr

› Ankunft in Kiel:
09.03., 04:30 Uhr

2 Sag es genauer, indem du zwei bis drei Informationen hinzufügst. Schreibe die verlängerten Sätze auf.

Wie lange? Warum? Wo? Wann? Wie? Wohin?

Ich laufe.

_____

_____

Lulu träumt.

_____

_____

3 Wende die Busprobe bei einem Satz an. Kreise die Satzglieder ein.

› sprachliche Operationen kennen und nutzen: Erweitern   › Sprachbuch, Seite 15
› Struktur von Sätzen erkennen: Satzglieder
› grundlegende sprachliche Begriffe kennen: Satzglied

15

 **1** Setze die fehlenden Vokale in die Nomen ein. Setze Silbenbögen.
Markiere die Vokallänge in der ersten Silbe mit **.** oder **_**.

W__sser   V__se   H__nne   Tr__ppe   Z__gel

L__ffel   F__ße   W__le   Schl__sser   S__ppe

 **2** Schreibe die Nomen mit ihrem bestimmten Artikel auf.
Setze Silbenbögen und markiere die Vokallänge.

 **3** Trage die Wörter in die richtige Spalte der Tabelle ein.

Schüssel   Schale   Dose   Betten   Nase   Blume

Ritter   Koffer   Kugel   Löwe   Männer   Puppe

langer Vokal　　　 –	kurzer Vokal　　　 .
	Schüssel

 **4** Kreise den Konsonanten ein, der die erste Silbe schließt.

› Lautqualität von Vokalen untersuchen
› Rechtschreibstrategien verwenden: Vokallänge
› grammatisches Wissen für Rechtschreibung nutzen

› Sprachbuch, Seite 16

 **1** Schreibe die Wörter richtig auf.

dün__e	run__e	nas__e	flin__e
kran__e	vol__e	krum__e	bun__e
stil__e	flot__e	fes__e	gel__e

zwei gleiche Konsonanten	zwei verschiedene Konsonanten
dünne	runde

 **2** Kreise die richtigen Buchstaben ein.

schne $^l_{ll}$ gla $^t_{tt}$ di $^k_{ck}$ schro $^f_{ff}$ bla $^s_{ss}$ schi $^k_{ck}$

 **3** Welches Wort ist gemeint?
Finde das Gegenteil und schreibe die Wörter auf.

mager – fett _____   dunkel – _____

schlau – _____   trocken – _____

4 Schreibe mit den Wörtern Sätze.

 **1** Setze die Buchstaben richtig zusammen. Schreibe die Verben auf, setze Silbenbögen und markiere die Vokallänge.

 **2** Schreibe die Verben in den Personalformen auf.

er:

du:

 **3** Schreibe die Verben in ihrer Grundform auf.
Setze Silbenbögen und markiere die Vokallänge.

sch

sch

e

sch

18
> Stammprinzip beachten
> Rechtschreibstrategien verwenden: Vokallänge
> grammatisches Wissen für Rechtschreibung nutzen

> Sprachbuch, Seite 18

1 Verändere die Wörter so, dass aus dem einsilbigen Wort ein zweisilbiges wird. Schreibe die Wörter auf.
Setze Silbenbögen und markiere die Vokallänge in der ersten Silbe.

Fluss	Bett	Schritt	Brett	Ball	Blatt	Schiff

2 Schreibe die Wörter richtig auf.

Fa ^s_ss

Schlo ^s_ss

Fa ^l_ll

Zei ^t_tt

Langer Vokal?
Kurzer Vokal?

Kna ^l_ll

Ka ^m_mm

Mu ^t_tt

Sto ^f_ff

3 Kreuze das richtige Wort an.

☐ der Wal
☐ der Wall

☐ die Hüte
☐ die Hütte

☐ der Schal
☐ der Schall

☐ die Qualen
☐ die Quallen

› Stammprinzip beachten
› Rechtschreibstrategien verwenden: Vokallänge
› grammatisches Wissen für Rechtschreibung nutzen

› Sprachbuch, Seite 19

19

Ein Lapbook überarbeiten

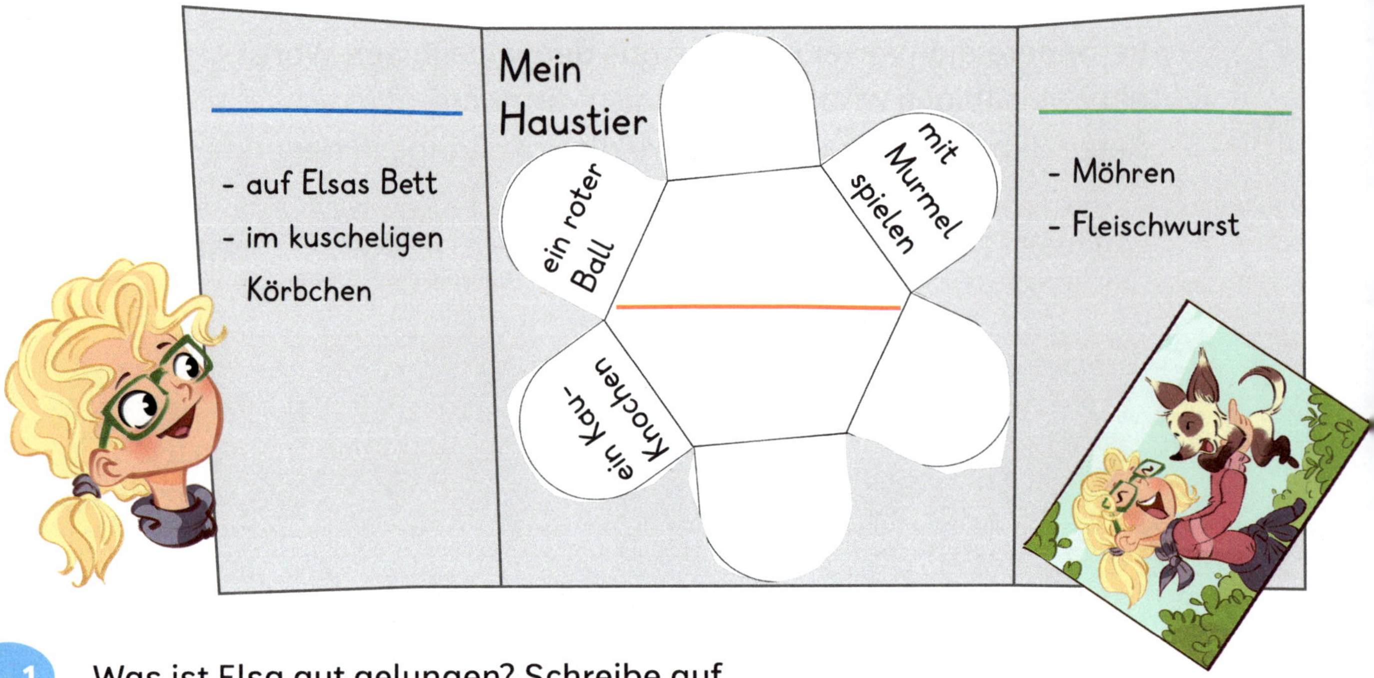

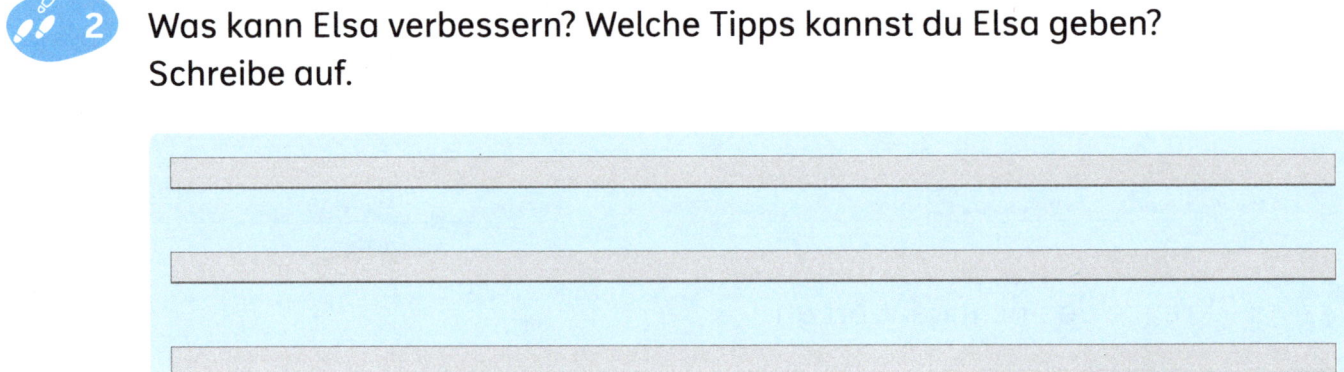

1 Was ist Elsa gut gelungen? Schreibe auf.

2 Was kann Elsa verbessern? Welche Tipps kannst du Elsa geben? Schreibe auf.

3 Finde passende Überschriften für die Ideen in Elsas Lapbook. Schreibe sie in das Lapbook hinein.

4 Zu welchem Thema würdest du gern noch ein Lapbook gestalten? Schreibe auf.

 **1** Kreise die Fehler ein und schreibe die Wörter richtig auf.

Umut segelt mit einem Schif um die Welt. |

_____

Oft schwimt er mit den Delfinen im Waser. ||

_____

Aber manchmal vermist Umut seine Freunde |

und die spanenden Abenteuer. |

_____

_____

Er schläfft so lange er wil. ||

_____

 **2** Trage die Wörter in die richtige Spalte der Tabelle ein.

prallen	Züge	schwimmen	Fliege
Bagger	reden	lustig	sagen

langer Vokal, offene Silbe −	kurzer Vokal, geschlossene Silbe •

1 An welcher Stelle im Satzbus können die Wortkarten platziert werden? Es gibt vier Möglichkeiten. Schreibe die Sätze auf.

am	Helfer	sammeln	Strand

viel	ein	Müll	die

2 Bilde Sätze mit zweiteiligen Prädikaten. Schreibe sie auf.

umfallen   abreisen   wegfahren

3 Kreise beide Prädikatsteile ein und verbinde sie.

4 Bilde Fragesätze und stelle das Verb an den Anfang. Schreibe die Fragen auf.

› Rechtschreib- und Grammatikwissen anwenden
› grundlegende sprachliche Begriffe und Strukturen kennen
› Sprachbuch, Seite 22, 23

Kapitel 2

essen – bewegen – genießen

Am Kiosk ...

ZEITUNG

1 Was könnten die Kinder sagen oder denken?
Schreibe in die Sprech- und Denkblasen.

2 Welche Comics kennst du? Schreibe auf.

1 Kreise die Verben ein.

säen	herstellen	deutlich	backen
schmecken	kochen	die Ernte	das Beet
das Theater	der Lehrer	das Fest	der Chor
trainieren	das Lied	fröhlich	der Comic
hüpfen	die Mannschaft	der Fußball	bisschen

2 Schreibe die Verben nach dem Abc geordnet auf.

3 Setze passende Wörter aus der Schatzkiste ein.

Bilde bei Verben die richtige Personalform.

Frau Fichte **sät** mit den Kindern im Schulgarten Samen
ins _____. Der _____ singt auf dem _____
ein lustiges _____. Wer gut _____ spielen will,
muss viel _____. Dann kann er mit
der _____ vielleicht einige Spiele gewinnen.

4 Kreise die Lupenstellen ein.   Theater   bisschen   Chor   Comic

5 Schreibe mit diesen Wörtern Sätze auf.   die Ernte   fröhlich   deutlich

 **1** Betrachte den Comic genau.

Am Nachmittag ...

ZEITUNG

BUMM BUMM BUMM

DOING

WUSCH

 **2** Welche Merkmale findest du in dem Comic? Beschrifte.

 ① Erzählkasten ② Soundwort ③ Speedline

 **3** Welche Informationen kannst du den Soundwörtern und Speedlines entnehmen? Schreibe auf.

 **1** Immer drei Puzzleteile gehören zusammen. Bilde sinnvolle Sätze und male die Puzzleteile, die zusammengehören, passend an.

beim Rollstuhl-Tischtennis	spielt Paul	andere Rollstühle
unsere Trainer	haben wir	viele, lustige Spiele
auch im Rollstuhl	spielen mit uns	Sport treiben
in der Tischtennis-AG	können Kinder	mit den Fußgänger-Kindern

 **2** Schreibe die Sätze auf. Denke an die Satzschlusszeichen und die Großschreibung am Satzanfang.

 **3** Kreise die Satzanfänge und die Satzschlusszeichen ein.

 **4** Überlege, wo ein Satz zuende ist. Schreibe die Sätze richtig auf. Denke an die Satzschlusszeichen und die Großschreibung am Satzanfang.

wir haben einen netten Trainer er ist auch Rollstuhlfahrer wir trainieren oft

› Struktur eines Satzes erkennen
› Satzschlusszeichen kennen und anwenden
› Satz als Sinneinheit erkennen

› Sprachbuch, Seite 28

1 Lies die Sätze in den Sprechblasen.

Untersuchst du jedes Jahr viele Kinder?

Arbeitest du gern mit Kindern?

Bestimmst du selbst, welche Schulen du besuchst?

2 Ergänze die Fragen mit den passenden Fragewörtern.

| Warum? | Wie viele? | Was? | Wer? | Welche? |

_____ Kinder untersuchst du jedes Jahr?

_____ hast du dir den Beruf als Zahnarzt ausgesucht?

_____ bestimmt, welche Schule du besuchst?

3 Was könnten die Menschen rufen? Schreibe Aufforderungen und Ausrufe auf.

› unterschiedliche Satzarten kennen
› Satzschlusszeichen setzen: Fragezeichen, Ausrufezeichen

› Sprachbuch, Seite 29, 30

 **1** Lies die Geschichte. Entscheide, welche Satzschlusszeichen du einsetzen musst.

In der Frühstückspause holen alle Kinder ihre Getränke und ihr Essen aus dem Ranzen☐ Doch was ist das☐ Mias Brotdose ist leer☐ Wie kann das sein☐ Ihre Mama schmiert ihr doch jeden Morgen ein Brot☐ Sollte sie es heute vergessen haben☐ Oder hat jemand Mias Brot genommen☐ Mia guckt traurig☐ Sie hat Hunger☐ Außerdem möchte sie wissen, wo ihr Brot ist☐ Dong, dong☐ Da klopft es plötzlich an der Tür☐ Juhu, es ist Mias Mutter☐ Sie hat Mias Brotdose in der Hand☐ Mia hat die Dosen zu Hause verwechselt☐ Sie hat Papas leere Dose in den Ranzen gesteckt☐ Gut, dass Mama es gemerkt hat☐ Jetzt kann Mia doch noch ihr Frühstück genießen☐

 **2** Streiche in der E-Mail falsche Satzschlusszeichen durch.
Setze die Satzschlusszeichen richtig und schreibe die E-Mail verbessert auf.

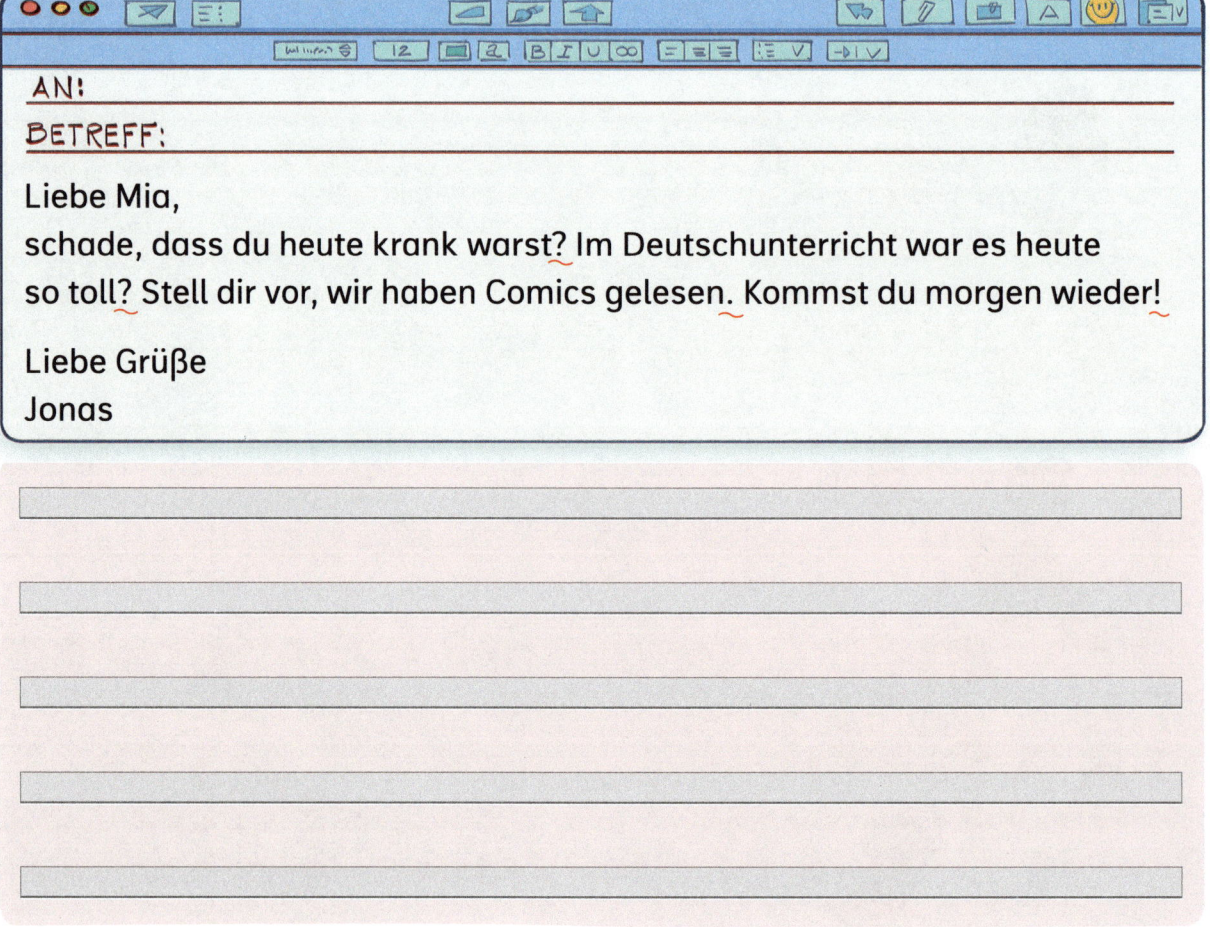

AN:

BETREFF:

Liebe Mia,
schade, dass du heute krank warst? Im Deutschunterricht war es heute
so toll? Stell dir vor, wir haben Comics gelesen. Kommst du morgen wieder!

Liebe Grüße
Jonas

› Funktion unterschiedlicher Satzarten nutzen
und passende Satzschlusszeichen setzen   › Sprachbuch, Seite 31

1 Lies die Sätze aufmerksam.

Aurora fragt Was machen wir heute in der Experimentier-AG?
Luis antwortet Ich glaube, wir stellen Seife her. Da freut sich
Lola Toll! Das wird bestimmt interessant. Willi protestiert Nein,
keine Seife! Dann muss ich mich ja waschen. Maja kichert leise
Hoffentlich riecht die Seife gut. Ali erzählt Ich habe schon mal
Ringelblumen-Salbe hergestellt.

2 Unterstreiche die Begleitsätze.

3 Setze alle Anführungszeichen ein.

4 In der Fußball-AG wird viel gesprochen und gerufen.
Schreibe Sätze mit wörtlicher Rede auf.

5 Kreise die Anführungszeichen ein.

› unterschiedliche Satzarten kennen
› Satzzeichen setzen: Zeichen der wörtlichen Rede
› grundlegende sprachliche Begriffe kennen: wörtliche Rede

› Sprachbuch, Seite 32

29

1 Kreise die Verben ein, die zum Wortfeld **sprechen** gehören.

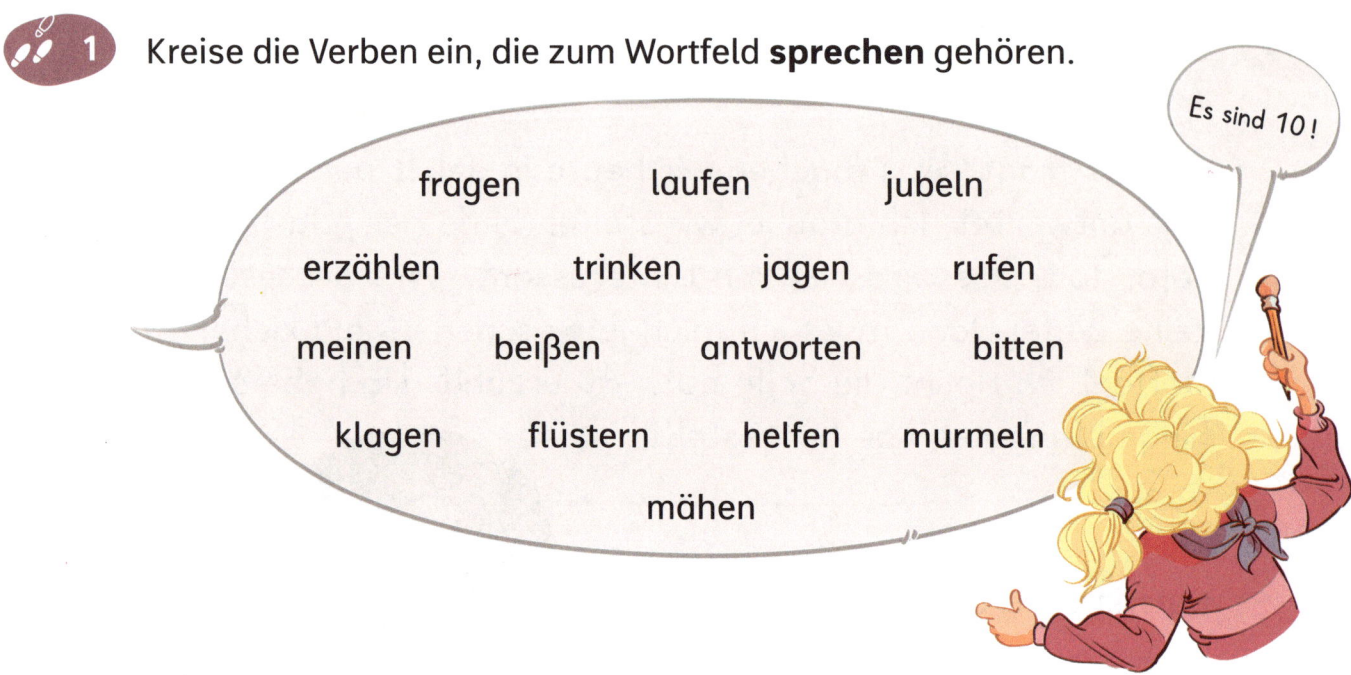

Es sind 10!

fragen   laufen   jubeln

erzählen   trinken   jagen   rufen

meinen   beißen   antworten   bitten

klagen   flüstern   helfen   murmeln

mähen

2 Lies die Sätze. Überlege, wie die Kinder sprechen.

Heute haben wir Briefe an unsere Partnerklasse geschrieben.

Ob mein Brieffreund auch in einem Verein Tischtennis spielt?

Endlich habe ich eine Brieffreundin! Vielleicht liest sie auch so gern wie ich.

Oh nein! Briefe schreibe ich gar nicht gerne.

3 Bilde Sätze mit wörtlicher Rede. Denke an den Begleitsatz und die Anführungszeichen.

4 Kreise den Doppelpunkt und die Anführungszeichen ein.

› Wörter ordnen: Wortfeld
› Funktion des Begleitsatzes kennen
› grundlegende sprachliche Begriffe kennen: Begleitsatz

› Sprachbuch, Seite 33

1 Finde die Wortgrenzen. Schreibe die Wörter auf.
Achte auf die Großschreibung.

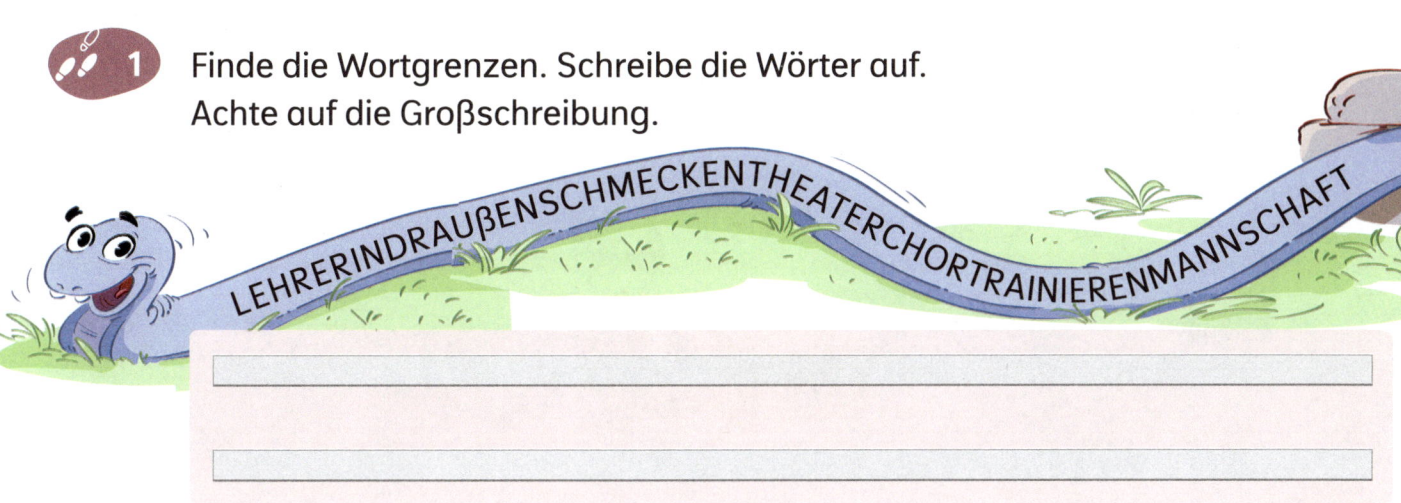

LEHRERINDRAUßENSCHMECKENTHEATERCHORTRAINIERENMANNSCHAFT

2 Lies den Text und setze Silbenbögen.

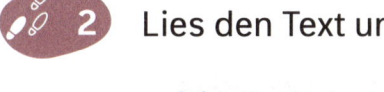

Nach Schulschluss
Am Ende eines Schultages müssen alle Kinder aufräumen.
Sie fegen die Klassenzimmerböden. Dann ist es sehr still in der
Grundschule Neustadt. Alle Kinder sind auf dem Nachhauseweg.

3 Welches Wort hat die meisten Silben? Schreibe es auf.

4 Lies den Text noch einmal und schreibe ihn ab.

1 Welche Silben gehören zusammen? Male die Kugeln passend zum Korb an.

2 Schreibe die Wörter mit Artikel auf.
Kreise das versteckte **e** in der zweiten Silbe ein.

3 Sprich die Wörter in Silben. Schreibe die Wörter auf.
Setze Silbenbögen und kreise das versteckte **e** ein.

_____ _____ _____ _____ _____

_____ _____ _____ _____ _____

4 Schreibe Sätze mit möglichst vielen Wörtern mit verstecktem **e**.

› Rechtschreibstrategien verwenden: Schwingen
› grammatisches Wissen für Rechtschreibung nutzen
› Rechtschreibgespür entwickeln
› Sprachbuch, Seite 35

 **1** Schreibe zu jeder Verbform die Grundform auf.
Setze bei den Verben in der Grundform Silbenbögen.
Kreise den Buchstaben ein, den du nun besser hören kannst.

k oder g ?		

es blin ^k_g t   blinken   → es blinkt

sie win ^k_g t   _____   → _____

sie schen ^k_g t   _____   → _____

er bie ^k_g t   _____   → _____

p oder b ?		

sie schrau ^b_p t   _____   → _____

er schnau ^p_b t   _____   → _____

sie le ^p_b t   _____   → _____

er schie ^p_b t   _____   → _____

 **2** Suche dir oben fünf Wörter aus und schreibe eigene Sätze auf.

Der Glitzerstein blinkt in der Sonne.

Wörter mit Silben-h schreiben

1 Schreibe die Grundform zu den Verben auf. Kreise das **h** in den Wörtern ein.

es fleht – **flehen** _____

sie sprüht – _____

er sieht – _____

sie glüht – _____

er leiht – _____

er geht – _____

sie glüht – _____

sie droht – _____

es weht – _____

sie dreht – _____

er ruht – _____

sie versteht – _____

2 Schreibe die Wörter in der Mehrzahl auf. Kreise das **h** in den Wörtern ein.

eine Kuh – **viele Kühe** _____

ein Schuh – _____

ein Reh – _____

ein Zeh – _____

ein Floh – _____

3 Suche dir Wörter mit **h** aus und schreibe Unsinn-Sätze.

Die Schneiderin näht dem Floh eine Hose.

› Rechtschreibstrategien verwenden: Schwingen
› grammatisches Wissen für Rechtschreibung nutzen
› Rechtschreibgespür entwickeln: silbeninitiales h

› Sprachbuch, Seite 37

Eine Geschichte mit wörtlicher Rede schreiben

 **1** Betrachte den Comic genau. Überlege, was die Personen sagen und wie sie es sagen.

Auf dem Schulhof ...

 **2** Ergänze die Geschichte zu dem Comic.

In der Pause

Auf dem Schulhof gibt es in der Pause einen großen Streit zwischen Jan und Sina. Jan hat Sinas Freundin Mia geschubst.
Jan schreit: _____

_____

Sina brüllt: _____

_____

Mia hat sich sehr wehgetan und weint. Pepe tröstet Mia.
Er will wissen, was passiert ist.
Pepe _____
Da kommt Herr Karl angelaufen.
Herr Karl _____

_____

Denke an die Zeichen der wörtlichen Rede!

 **3** Schreibe einen passenden Schluss.

_____

_____

_____

_____

 **1** Lies die Geschichte genau.

Es regnet schon den ganzen Tag. Die Detektive langweilen sich. Da meint Paul: Lasst uns ins Schwimmbad gehen! Im Kino kaufen sie sich eine Tüte Popcorn. Im Schwimmbad hüpfen die Detektivkinder schnell ins Wasser. Lulu heult: „Das war eine tolle Idee von dir, Paul!" Elsa saust die Rutsche herunter und quietscht vergnügt: Das ist lustig! Ich will noch einmal! Aber Umut freut sich: „Mir ist kalt. Ich lege mich auf eine Liege." Doch als Umut sich abtrocknen will, findet er sein Handtuch nicht. Hunde dürfen nicht ins Schwimmbad. Aufgelöst berichtet Umut den anderen Kindern: „Mein Handtuch ist weg! Wo könnte es sein? Ob es jemand gestohlen hat?" Da kommt der Bademeister mit einem Handtuch angerannt. Er sagt ...

 **2** Überarbeite die Geschichte:
- Streiche Sätze durch, die die Geschichte unverständlich machen.
- Verbessere unpassende Begleitsätze.
- Ergänze die wörtliche Rede.

 **3** Die Geschichte hat noch keinen Schluss. Schreibe einen Schluss.

UNTER DER LUPE

1 Kreise die Fehler ein und schreibe die Sätze richtig auf.

Die Gartn-AG in der Grundschule Neustadt I

Die Kinder arbeitn im Schulgartn, egal ob es regnet II
oder der Wind wet. I

einmal in der Woche mät der Hausmeister den Rasn. III

Andere Kinder singn Liedr im Chor III

Sie liebn das Lied von der verrückten Ku II
mit dem kaputten Schu. I

Herr Jubel meint Du musst allein vorsingn. IIII

 **1** Ergänze die passenden Satzschlusszeichen.

Juchu Mein geliebtes
Handtuch ist wieder da

So ein Glück
Der Bademeister
hat gleich gewusst,
dass es dir
gehört

Was hätten wir
nur gemacht,
wenn er es nicht
gefunden hätte

So war es doch noch
ein toller Tag
Lasst uns
nach Hause gehen

 **2** Schreibe Sätze aus Aufgabe 1 als wörtliche Rede auf.
Beginne mit passenden Begleitsätzen. Denke an die Anführungszeichen.

Kapitel 3

beobachten – verstehen – schützen

1 Bestimmt bist du schon einmal von einem Insekt gestochen worden. Wie ist das passiert? Schreibe auf.

2 Außer Insekten haben auch Rochen, Igel und Skorpione einen Stachel. Wähle ein Tier aus und schreibe auf, was du über das Tier weißt.

3 Male den Kapitelsatz.

1 Schreibe die Wörter richtig auf.

tiehierF	gitfärk	ehuR	neshcaw
_____	_____	_____	_____
noitamrofnI	rhäfegnu	lauQ	gnuj
_____	_____	_____	_____
negaj	heR	etshcän	girgnuh
_____	_____	_____	_____
gißielf	nesserf	gnurhänrE	
_____	_____	_____	

2 Finde die Verben im Suchsel. Kreise sie farbig ein.

brummen	fertig
beobachten	entwickeln
nützlich	gefährlich

e	m	b	a	d	l	v	u	q	l
e	n	t	w	i	c	k	e	l	n
t	o	a	k	g	b	t	ö	n	h
g	e	f	ä	h	r	l	i	c	h
t	b	q	s	ä	u	p	g	f	b
y	f	i	t	v	m	s	u	e	a
o	h	p	t	j	m	b	v	r	j
b	z	i	w	i	e	u	x	t	q
u	k	o	c	g	n	t	d	i	o
j	d	h	i	v	g	x	h	g	i
ö	n	ü	t	z	l	i	c	h	k
b	e	o	b	a	c	h	t	e	n

› Wortschatz erweitern und selbstständig üben
› mit Sprache experimentell und spielerisch umgehen
› Sprachbuch, Seite 45

Eine Beschreibung planen und schreiben

1 Male den Schuppen-Käfer in verschiedenen Farben weiter an.
Ordne die Begriffe zu und verbinde.

Stacheldorn

Tastfühler

Stielaugen

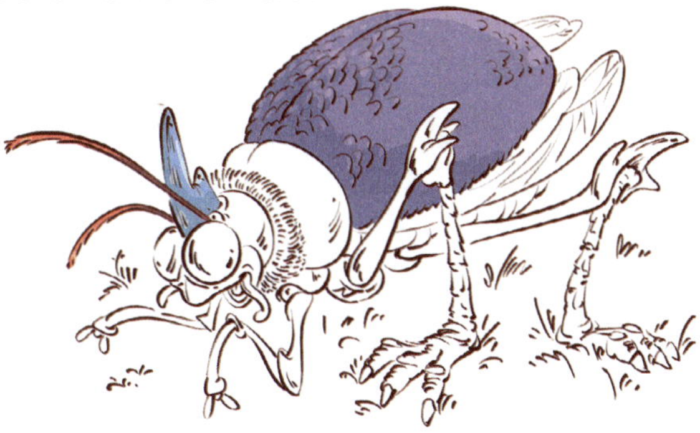

Rücken

Hinterflügel

Schuppenbeine

Lauffüße

2 Schreibe die Körperteile mit passenden Adjektiven auf.

3 Beschreibe das Aussehen des Schuppen-Käfers. Schreibe Sätze.

1 Setze Wortgrenzen. Schreibe alle Nomen mit bestimmtem Artikel auf. Achte auf die Großschreibung.

vogelfliegtflugzeugwolkebäckerkaltkleesatt

quallehüpfenfischbutterleckermeer

_____

_____

2 Lies die Sätze. Füge passende Schiebewörter ein.

letzte	gemusterte	schöne	nötigen
schnelle	freier	wilden	gesundes

Für manche Wildtiere ist der Zoo die _____ Rettung.
In _____ Natur werden sie wegen ihrer Haut gejagt.
Auch das _____ Fell ist unter Wilderern begehrt.
Im Zoo erhalten sie den _____ Schutz.
Für die Gesundheit der Tiere sorgt _____ Futter.
Die zahlreichen Zoobesucher freuen sich, wenn sie
die _____ Tiere sehen. Der _____ Leopard
ist besonders beliebt. Kinder machen viele _____ Fotos.

3 Finde zu jedem Artikel vier Nomen und schreibe sie geordnet auf.

der	die	das

› Merkmale von Nomen kennen und anwenden
› grundlegende sprachliche Begriffe kennen: Nomen
› Sprachbuch, Seite 46

1 Welche Bücher kennst du noch?
Schreibe auf.

Computerbücher

Bilderbücher

Hörbücher

2 Unterstreiche jeweils das Grundwort.

3 Welches Buch ist gemeint? Schreibe auf.

ein Buch
mit vielen Bildern

_____

ein Buch über Tiere

_____

ein Buch mit Märchen

_____

ein Buch über viele Abenteuer

_____

4 Ordne die Nomen nach ihrem bestimmten Artikel.

Blumenvase	Baumkrone	Waldboden	Blumentopf
Waldtier	Blütenblatt	Katzenkind	Gartenpflanze
Baumstamm	Vogelnest	Rosenduft	Wurzelknolle

der	die	das

› Merkmale von Nomen kennen
› grundlegende sprachliche Begriffe kennen:
  Nomen, Grundwort, Bestimmungswort

› Sprachbuch, Seite 47, 48, 49

43

Zusammengesetzte Nomen bilden

1 Welche Suppe könnte Paul kochen? Schreibe in die Tabelle.

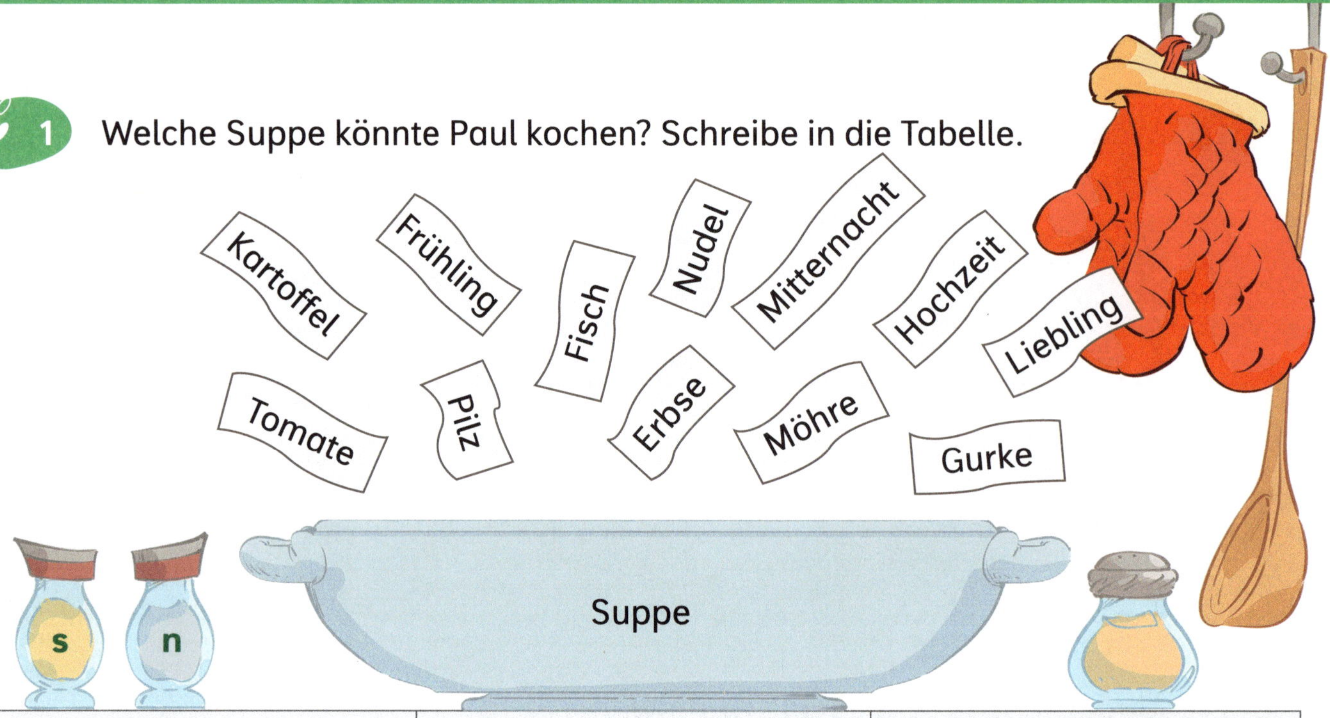

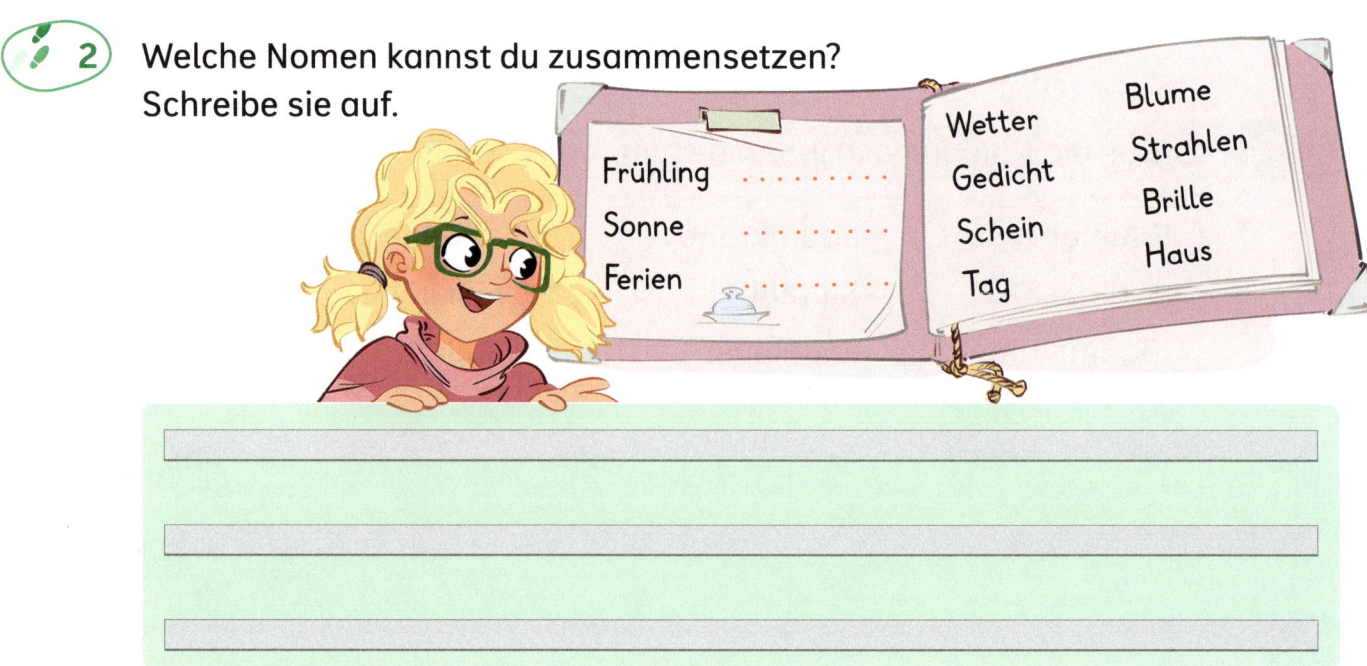

Kartoffel
Frühling
Fisch
Nudel
Mitternacht
Hochzeit
Liebling
Tomate
Pilz
Erbse
Möhre
Gurke
s
n
Suppe

eingefügtes **s**	eingefügtes **n**	**ohne** eingefügten Buchstaben

2 Welche Nomen kannst du zusammensetzen?
Schreibe sie auf.

Frühling
Sonne
Ferien
Wetter
Gedicht
Schein
Tag
Blume
Strahlen
Brille
Haus

3 Kreise die Buchstaben ein, die du eingefügt hast.

› Merkmale von Komposita kennen
› Fugenlaute kennen
› mit Sprache spielerisch umgehen

› Sprachbuch, Seite 50

1 Finde die Wortpaare und schreibe sie auf.

| Übelkeit | betonen |

| Wahrheit | klar |

| Klarheit | dumm |

| Dummheit | übel |

| Heilung | wahr |

| Betonung | heil |

2 Überlege dir weitere Wortpaare. Schreibe sie auf.

3 Bilde neue Wörter. Trage sie in die richtige Spalte ein.

Achte auf die Großschreibung.

schlau	ewig	möglich	dicht	enttäuscht
schön	fröhlich	trocken	traurig	erschöpft
freundlich	bedroht	geborgen	verwundert	wahr

-ung	-heit	-keit

› mit Sprache spielerisch umgehen
› Wörter strukturieren
› grammatisches Wissen für Rechtschreibung nutzen

› Sprachbuch, Seite 51

45

1 Schreibe zwei Mehrfach-Treppengedichte.
Nutze die Sätze in den Bussen.

Der Wal trägt im Sommer einen Schal.

Die Maus bemalt mit Farbe ihr Haus.

Der Löwe schreibt einen Brief an die Möwe.

› Rechtschreibstrategien verwenden:
Nomen großschreiben
› Sprachbuch, Seite 52

1 Schreibe den Satz auf und achte auf die Großschreibung.

| zwischen den steinen | findet | man | am meer | viele krebse |

2 Wende die Busprobe an. Kreise die Satzglieder ein.

Am liebsten frisst der hai robben.
Mit seinem stachel verteidigt sich der stachelrochen.
Zwischen den steinen verstecken sich die krabben.

3 Ergänze passende Schiebewörter
und schreibe die Sätze richtig auf.

Achte auf
die Großschreibung.

4 Kreise die Schiebewörter ein.

IM FLACHEN MEER LEBEN BUNTE FISCHE.
LEIDER LIEGEN KLEINE PLASTIKRESTE AM WEITEN STRAND HERUM.

5 Schreibe die Sätze richtig auf.

› Rechtschreibstrategien verwenden: Nomen großschreiben   › Sprachbuch, Seite 53
› grammatisches Wissen für Rechtschreibung nutzen

47

1 Bilde aus den Satzgliedern drei Sätze.
Male die Satzglieder eines Satzes in einer Farbe an.

Die Schnecke	liest	im Meer	.
Morgens	surft	der Elefant	.
Manchmal	trompetet	die Krimis	.
Die Möwe	nascht	eine Mütze	.
Der Regenwurm	trägt	das Faultier	.

2 Füge Schiebewörter in die Satzglieder ein.
Schreibe deine verlängerten Sätze richtig auf. Kreise die Nomen ein.

3 Ergänze, was Umut erklärt.

etztel   rovad   trowebeihcS

Die Schiebewortprobe geht schneller,
wenn ich die Satzglieder kenne,
denn nur das _____ Wort
eines Satzgliedes wird großgeschrieben,
wenn ich _____
ein _____ einsetzen kann.

› Rechtschreibstrategien verwenden: Nomen großschreiben   › Sprachbuch, Seite 54
› Struktur von Sätzen erkennen: Kern der Nominalgruppe

1 Was siehst du auf den Bildern? Schreibe jeweils einen Satz.

2 Wende die Busprobe an und kreise die Satzglieder ein.
Markiere in jeder Wortgruppe das letzte Wort.

3 Finde die Nomen mit der Schiebewortprobe.
Schreibe die Sätze mit passenden Schiebewörtern auf.

4 Male selbst ein lustiges Bild und schreibe einen langen Satz dazu.

› Rechtschreibstrategien verwenden: Nomen großschreiben   › Sprachbuch, Seite 55
› Struktur von Sätzen erkennen: Kern der Nominalgruppe

49

 **1** Lies die Beschreibung genau.
Markiere in den Sätzen ungenaue Angaben.

> 120–160 cm lang
> Schulterhöhe: 80–95 cm
> Gewicht: 90–200 kg

120–160 cm lang

Gewicht: 90–200 kg

Schulterhöhe: 80–95 cm

Ohren: klein und mit Fell bedeckt

Eckzähne bei Männchen und Weibchen groß

Das Wildschwein

Wildschweine sind ganz schön groß und schwer. Sie haben ein braunes, borstiges Fell. Ihre Augen sind klein. Die Schnauze nennt man Rüsselschnauze. Wie die Ohren sind, weiß ich nicht. Ich glaube, dass nur die Männchen große Eckzähne haben, aber das weiß ich nicht genau. Die kleinen Jungtiere nennt man Frischlinge. Frischlinge haben ein paar helle Streifen im Fell. Wildschweine fressen fast alles: Wurzeln und kleine Tiere, Insekten, Knollen und vieles mehr.

 **2** Lies die Informationen auf der Infotafel. Verbessere ungenaue Angaben durch genaue Angaben. Nutze die Informationen und schreibe sie auf die Karten.

 **3** Schreibe den verbesserten Sachtext auf.

› Text an der Schreibaufgabe überprüfen   › Sprachbuch, Seite 57
› Texte in Bezug auf die äußere und sprachliche Gestaltung hin überprüfen

UNTER DER LUPE

1 Kreise die Fehler ein und schreibe die Wörter richtig auf.

> Im Internet findet Man viele informationen über nagetiere. `|||`
>
> _____
>
> Man Sieht Erklärungen über die tierentwicklung `||`
> und über Die ernährung. `||`
>
> _____
>
> In einem Stecksbrief steht, welches Futter RennMäuse brauchen. `||`
>
> _____
>
> Die Lebengewohnheiten einer feldmaus sind interessant. `||`
>
> _____

2 Welche Nomen sind aus zwei Nomen zusammengesetzt?
Trenne die zusammengesetzten Nomen und schreibe sie auf.

_____

_____

3 Bilde weitere zusammengesetzte Nomen mit dem Bestimmungswort **Liebling.**
Kreise den eingefügten Buchstaben ein.

_____

_____

_____

› Übungsformen selbstständig nutzen
› über Fehlersensibilität und Rechtschreibgespür verfügen
› an Wörtern und Texten arbeiten

› Sprachbuch, Seite 58, 59

51

 **1** Kreise die Fehler ein. Schreibe richtig auf
und begründe die richtige Schreibweise.

der Buschige Schwanz

_____ , denn _____

_____

erst in der dunkelheit

_____ , denn _____

_____

 **2** Wende die Busprobe an. Kreise die Satzglieder ein.

Viele Menschen geben Tieren ein neues Zuhause.

 **3** Ergänze passende Satzschlusszeichen
und die Redezeichen der wörtlichen Rede.

Welche Eigenschaften und Bedürfnisse haben Tiere

Lulu fragt   Was fressen Rennmäuse

 **4** Setze die Wortgrenzen.
Schreibe den Satz richtig auf.

RENNMÄUSERENNENGERNIMRENNRAD

› Rechtschreib- und Grammatikwissen anwenden
› grundlegende sprachliche Begriffe und Strukturen kennen

› Sprachbuch, Seite 58, 59

Kapitel 4

haben – wünschen – brauchen

1 Worüber diskutieren die Kinder?

2 Was tust du, wenn du dich nicht entscheiden kannst?

3 Warum könnten dir Pro- und Kontra-Listen helfen?

 **1** Setze die Wörter aus dem Kasten passend ein.

> Argumenten   Ziel   Handy   bitten
> überzeugen   erklären   entscheiden

Oft _____ Kinder ihre Eltern um ein eigenes _____.
Meist versuchen Kinder, ihre Eltern mit guten Gründen davon
zu _____, ihnen ein Handy zu kaufen.
Dabei _____ sie ihren Eltern, warum sie diese Geräte
haben wollen. Manche Eltern _____ sich für einen Kauf.
Mit guten _____ erreichen viele Kinder ihr _____.

2 Kreise die Lupenstellen in den Wörtern ein.
Schreibe deine Lieblingsfehlerwörter auf.

> sprechen   Idee   wählen   Medien   entgegen   besser   wissen

3 Welche Wörter verbergen sich hier?
Schreibe die Nomen mit dem passenden Artikel richtig auf.

ü	r	f
d	e	n

T	b	e
a	l	t

ei		r
	f	

r	g ä	u g
E	n	z n

b	e g	i
n	n e	n

ei	n	u
g	n	M

Ich wünschte, ich hätte auch einen eigenen Hund.

Murmel ist toll, aber ...

 **1** Lies die Textnachrichten. Welche Nachricht hat Lulu, welche hat Paul geschrieben? Trage den Namen ein.

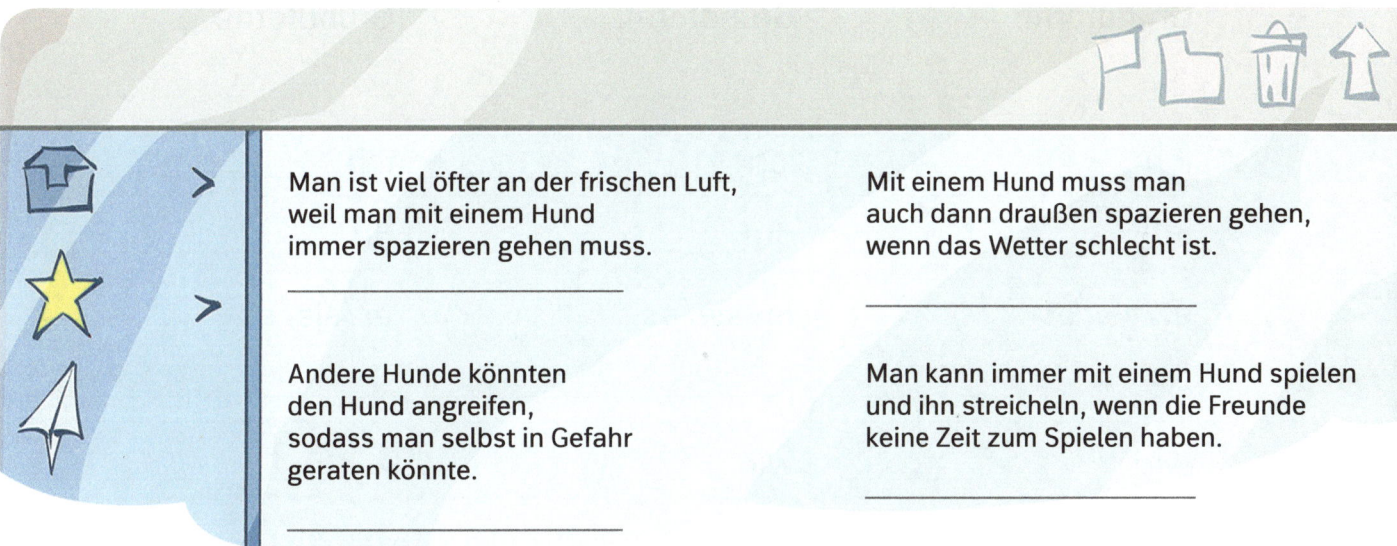

Man ist viel öfter an der frischen Luft, weil man mit einem Hund immer spazieren gehen muss.

_____

Andere Hunde könnten den Hund angreifen, sodass man selbst in Gefahr geraten könnte.

_____

Mit einem Hund muss man auch dann draußen spazieren gehen, wenn das Wetter schlecht ist.

_____

Man kann immer mit einem Hund spielen und ihn streicheln, wenn die Freunde keine Zeit zum Spielen haben.

_____

 **2** Entscheide dich für eine Position. Schreibe deine Argumente auf.

Pro:	Hund	Kontra:
-		-

 **3** Finde auch Argumente für die andere Position. Schreibe sie auf.

 **1** Suche die Verben und mache die Verbprobe. Kreise die Verben ein.

> FREUND   SUCHEN   HELL   SINGE   KALT   KRAFT   WÜNSCHST
> ZORN   AUGE   HIMMEL   HÖRST   TASCHE   TRÄUMT   VERLIERT

2 Schreibe drei Verben aus dem Kasten in allen Personalformen auf.

Grundform: _____	Grundform: _____	Grundform: _____
ich _____	ich _____	ich _____
du _____	du _____	du _____
er/sie/es _____	er/sie/es _____	er/sie/es _____
wir _____	wir _____	wir _____
ihr _____	ihr _____	ihr _____
sie _____	sie _____	sie _____

3 Setze die Verben aus dem Kasten in der richtigen Personalform ein.

Wenn Lulu fröhlich ist, _____ sie den ganzen Tag
ihre Lieblingsmusik und _____ ihre Lieblingslieder.

Du _____ oft deinen Hausschlüssel
und _____ ihn danach überall.

Elsa und Paul _____
von einer besseren Detektivausrüstung.
Deswegen _____ sie sich zum Beispiel
neue Taschenlampen für alle.

› Funktion von Verben kennen
› Verben verwenden
› grundlegende sprachliche Begriffe kennen: Personalform
› Sprachbuch, Seite 64

1 Jeweils drei Personalformen gehören zusammen.
Male sie in derselben Farbe an.

essen

laufen

nehmen

helfen

ihr
lauft

du
läufst

sie
läuft

er
isst

ihr
helft

ich
esse

er
nimmt

du
hilfst

ihr
esst

sie
hilft

sie (alle)
nehmen

du
nimmst

2 Schreibe die Verben geordnet auf.
Kreise im Wortstamm die Buchstaben ein, die sich verändern.

nehmen

helfen

essen

laufen

3 Setze die Personalformen von **haben** und **sein** passend ein.

Elsa _____ einen kleinen Hund. Sein Name _____ Uno.
Paul _____ eine Hündin. Sie heißt Murmel und _____
sehr treu. Uno und Murmel _____ immer Hunger
und _____ sehr gefräßig. Dann _____ sie ganz schön
nervig. Elsa und Paul _____ darauf gut vorbereitet.
Sie _____ immer Leckerlis für die beiden Hunde dabei.
Wenn Uno und Murmel brav _____, bekommen sie
manchmal auch eine Belohnung.

› Funktion von Verben kennen
› Wörter strukturieren und untersuchen
› grundlegende sprachliche Begriffe kennen: unregelmäßiges Verb

› Sprachbuch, Seite 65

57

1 Was machen die Kinder? Schreibe Sätze auf und kreise die Verben ein.

Wir suchen

2 Schreibe den Eintrag für das Detektivtagebuch auf.

Wir suchten eine entlaufene Katze.

3 Ergänze den Lückentext passend.

Wenn man Texte schreiben will, kann man unterschiedliche

_____ verwenden.

Wenn man darüber schreibt, dass etwas gerade

in der Gegenwart passiert, kann man _____ verwenden.

Wenn man darüber schreibt, dass etwas in der Vergangenheit

passierte, kann man _____ verwenden.

› Funktion von Zeitformen kennen
› Verben verwenden
› grundlegende sprachliche Begriffe kennen: Präsens, Präteritum

› Sprachbuch, Seite 66

 **1** Schreibe die Personalformen im Präsens und Präteritum
für das Verb **wohnen** auf. Kreise die Endungen ein.

Person	Präsens	Präteritum
ich		
du		
er/sie/es		
wir		
ihr		
sie		

2 Verwende die Verbformen im Präteritum. Kreise die Endungen ein.

Die Detektive _____ viele Hinweise
(sammeln)

und _____ sie in ein Notizbuch.
(ergänzen)

Die Polizei _____ den Detektiven ein Angebot.
(machen)

Die Detektive _____ die Polizisten bei ihrer Arbeit
(unterstützen)

und _____ dabei viel für ihre Detektivarbeit.
(lernen)

Die Detektive _____ sich diese Zusammenarbeit sehr.
(wünschen)

3 Schreibe eigene Sätze mit den Verben.
Verwende die Verben im Präteritum.

spielen stellen rechnen zeichnen

| |
| |
| |

› Funktion von Zeitformen kennen   › Sprachbuch, Seite 67
› Verben verwenden   59
› grundlegende sprachliche Begriffe kennen: Präsens, Präteritum

1 Male die Verbpaare in derselben Farbe an.

er hielt   sie sah   fahren   sie wuchs   sie fuhr

lassen   lesen   halten   schlafen

sie schlug

fangen   sie las

graben   er grub   wachsen

er ließ

sehen   er fing   er schlief

schlagen

2 Schreibe fünf Verbpaare auf.

er hielt – halten,

3 Schreibe die Verben in der passenden Grundform auf.

er griff – greifen

sie rief –

sie half –

er trat –

sie fiel –

er war –

sie vergaß –

er stahl –

er erschrak –

sie nahm –

sie floh –

er hatte –

› Funktion von Zeitformen kennen und anwenden
› Präteritum bei unregelmäßigen Verben kennen
› grundlegende sprachliche Begriffe kennen: Präsens, Präteritum
› Sprachbuch, Seite 68

1 Schreibe die Personalformen im Präteritum für das Verb **fahren** auf.

ich

2 Verwende die Verbformen im Präteritum.

Die verdächtigen Personen _____ den Detektiven häufig.
(entkommen)

Doch dann _____ sie eine neue Ausrüstung.
(bekommen)

Es _____ an den alten Fahrrädern und den Geräten
(liegen)

für die Spurensicherung. Ihre alten Fahrräder _____ oft
(haben)

platte Reifen und die Spurensicherung _____ nicht zuverlässig.
(ist)

Immer wieder _____ sie wichtige Spuren.
(übersehen)

Manchmal _____ ihnen die verdächtigen Personen
(entkommen)

vor der Nase. Entweder die Detektivkinder _____ sie
(verlieren)

bei einer Verfolgungsjagd oder sie _____ keine Beweise
(finden)

am Tatort. Oft _____ Uno und Murmel jedoch auch die Spur
(nehmen)

auf und sie _____ neue Hinweise.
(finden)

3 Schreibe die Personalformen im Präteritum für das Verb **mögen** auf.

ich

 **1** Entscheide: **g/k** oder **b/p**? Verlängere die Verben, indem du die Grundform bildest.

p oder **b**? ↻ Grundform	**g** oder **k**? ↻ Grundform
er lo $_b^p$ t – **loben**	er schen $_k^g$ t –
er trei $_b^p$ t –	er sie $_k^g$ t –
er lie $_b^p$ t –	er len $_k^g$ t –
er le $_b^p$ t –	er le $_k^g$ t –

 **2** Verlängere die Verben und setze den passenden Buchstaben ein.

In den Ferien flie___t Paul mit seiner Familie nach Italien. Dort gi___t es spannende Ausgrabungsstätten. Er ma___ es, verborgene Schätze zu besichtigen.

Umut lie___t Musik. Im Musikunterricht stren___t er sich besonders an und zei___t viel Interesse.

Lulu betrei___t Judo. Ihr Trainer lo___t sie viel. Sie gi___t sich immer sehr viel Mühe und le___t Wert auf Fairness.

Elsa lie___t Tiere. Sie krie___t nicht genug von ihrem Hund Uno. Er ist bei jedem Abenteuer dabei. Manchmal begie___t sich Uno selbst in ein gefährliches Abenteuer. Aber Elsa hän___t sich schnell an seine Fährte und findet ihn immer wieder.

 **1** Finde die passenden Verben zu den Nomen.
Schreibe sie richtig auf und trage den fehlenden Buchstaben ein.

hupen   schieben   rauben   binden   schlagen   reiten   ~~lenken~~   schrauben

das Len**k**_rad   –   lenken _____

das Hu___konzert   –   _____

die Schla___sahne   –   _____

das Rau___tier   –   _____

der Schrau___deckel –   _____

der Bin___faden   –   _____

die Rei___schule   –   _____

die Schu___karre   –   _____

 **2** Zerlege die Nomen und verlängere den ersten Teil.
Trage den richtigen Buchstaben ein.

die Trin **k** flasche – trinken _____   –   die Trinkflasche _____

der Sau☐roboter – _____   –   _____

die Tan☐stelle   – _____   –   _____

das Fan☐netz   – _____   –   _____

das Sprin☐seil   – _____   –   _____

die Flech☐frisur – _____   –   _____

der Rau☐fisch   – _____   –   _____

3 Finde eigene zusammengesetzte Nomen, deren richtige Schreibweise
du durch das Verlängern beweisen kannst.

1 Trage den fehlenden Buchstaben ein. Male den Ball, der dir beim Schreiben des Wortes hilft, in derselben Farbe an.

bunte

Au☐apfel

laute

runde

Auge

Han☐schuhe

Flu☐lehrer

Lau☐sprecher

Nächte

Hände

Frem☐wort

Nach☐wächter

Bun☐stift

Flüge

fremde

Run☐bogen

2 Zerlege die Nomen und verlängere sie.
Trage den richtigen Buchstaben ein.

der Win☐d☐hauch – <u>die Winde</u> – <u>der Windhauch</u>

der Hem☐knopf – _____ – _____

das Wor☐feld – _____ – _____

die Wan☐farbe – _____ – _____

der Bil☐titel – _____ – _____

der We☐weiser – _____ – _____

das Nach☐hemd – _____ – _____

der Wal☐bewohner – _____ – _____

der Sta☐mixer – _____ – _____

3 Zerlege die Nomen und verlängere sie im Kopf.
Trage die richtigen Buchstaben ein.

Ich kann Englisch und auch andere Frem____sprachen.
Im Herbst muss man beim Autofahren auf Wil____wechsel achten.
An großen Wiesen stehen viele Zäune unter Star____strom.
Zu Weihnachten bekomme ich eine Fotokamera mit Wei____winkel.
Wenn wir in Hamburg sind, machen wir eine Run____fahrt.

1 Sortiere die Nomen. Schreibe sie mit ihrer Verlängerung geordnet auf.

~~die Schla g sahne~~   ~~die Billi g ware~~   ~~der Ba d spiegel~~

das Wil☐wasser   die Wan☐farbe   die Zwer☐nase

der Bil☐band   die Trin☐flasche   das Kal☐getränk

der Sau☐napf   der Stei☐bügel   die Blin☐schleiche

Nomen + Nomen	→ Mehrzahl
der Badspiegel	die Bäder + der Spiegel

Verb + Nomen	→ Grundform
die Schlagsahne	schlagen + die Sahne

Adjektiv + Nomen	→ Verlängerung
die Billigware	billige + die Ware

2 Schreibe zusammengesetzte Nomen auf.
Achte auf die Großschreibung
und den bestimmten Artikel.

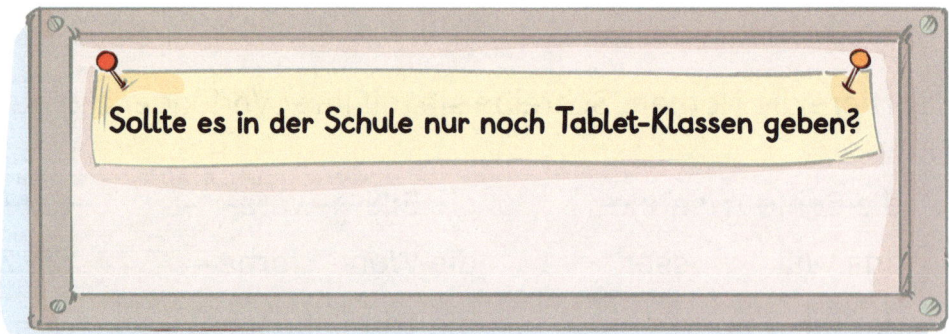

Sollte es in der Schule nur noch Tablet-Klassen geben?

1   Lies die Liste. Streiche die Argumente durch, die dich nicht überzeugen.

Kontra: Tablet-Klassen

- ein Tablet ist teuer
- für manche Apps brauche ich eine gute Internetverbindung
- man bekommt viereckige Augen
- ein Tablet geht leicht kaputt
- man braucht immer eine Expertin oder einen Experten, der das Tablet einschaltet

2   Schreibe Argumente für Tablets in der Schule auf oder finde weitere Gegenargumente.

> Du musst dich für Pro oder Kontra entscheiden.

3   Trage einem Erwachsenen deine Argumente vor und versuche ihn zu überzeugen. Frage ihn, welches Argument ihn überzeugt hat. Kreise es ein.

 **1** Kreise die Fehler ein und schreibe die Wörter richtig auf.

Vor zwei Wochen habe ich Geburtstag.   I

_____

Mein bester Freunt überreichte mir ein tolles Gescheng.   II

_____

Es war ein Mergspiel. Ich konnten es sehr gut.   II

_____

Nach dem Piebton, nannten ich alles, woran ich mich erinnert.   III

_____

Alle lopten mich.   I

_____

Das Entspiel gewann die gegnerische Mannschaft.   I

_____

Ich vergaß das Wort Schreipblock.   I

_____

2 Schreibe das Verb **gewinnen** in allen Personalformen im Präteritum auf.

ich _____

_____

› Übungsformen selbstständig nutzen   › Sprachbuch, Seite 76, 77
› über Fehlersensibilität und Rechtschreibgespür verfügen   **67**
› Präteritum bei unregelmäßigen Verben kennen

 **1** Lies den Text.
Kreise alle Verben ein.

> Nach der Feier sieht Mama auf dem Sofa einen gelben Fleck.
> Es sieht aber gar nicht dreckig aus, sondern es ist Waldhonig.
> Mama entfernt ihn mit etwas Wasser und einem Schwamm.

2 Schreibe die Sätze im Präteritum auf.

3 Finde zu jeder Rechtschreibstrategie ein Beispielwort aus den Texten.
Kreise die Lupenstellen ein.

Lupenwort	Strategie	Beweis
Mama	ω	Mama
	ω	
	N↑	
	N↑	
	☺	
	☺	
	↪	
	↪	

› Übungsformen selbstständig nutzen
› Rechtschreib- und Grammatikwissen anwenden
› Sprachbuch, Seite 76, 77

Kapitel 5

lesen – hören – sehen

1 Betrachte das Bild genau und stell dir vor, du bist an diesem Ort. Wovor würdest du dich hier am meisten gruseln?

2 Was würde das Bild für dich noch gruseliger machen? Schreibe auf.

3 Welchen Ort findest du gruselig? Schreibe und male.

 **1** Der Lautsprecher ist kaputt. Welche Wörter sind gemeint? Schreibe auf.

_ _ _ _ _ _tern_ _ _ _   _ _iedl _ _ _ _   _ _ _aur _ _

drec_ _ _   furch_ _ _ _

> dicht dreckig
> schrecklich furchtbar
> die Mitternacht allein
> versteckt unheimlich friedlich
> schaurig bewölkt

_ _ch_   _ _heim_ _ _

verst_ _ _ _   _ _ _ ei _

_ _ _reck_ _ _ _   _ _ _ölk_

 **2** Welche Wörter verstecken sich hier? Schreibe die Wörter auf.
Der Wörterkasten hilft dir.

die Stadt	die Gänsehaut	eklig

blicken	die Panik	das Monster

die Burg	das Herzklopfen	hässlich

> die Stadt   die Panik   hässlich   die Burg   die Gänsehaut
> das Monster   eklig   das Herzklopfen   blicken

 **3** Schreibe deine Lieblingsfehlerwörter auf.

› Wortschatz erweitern und selbstständig üben   › Sprachbuch, Seite 81
› mit Sprache experimentell und spielerisch umgehen

 **1** Schau dir das Bild genau an. Stelle dir vor, du bist an diesem Ort.

 **2** Ergänze die Ideenkarte zu diesem Ort.
Denke daran: Andere sollen sich diesen Ort gut vorstellen können.
Was macht ihn so gruselig?

Keller

Gruselgeschichte

_____

_____

_____

 **3** Schreibe den Anfang deiner Geschichte auf.
Beschreibe den Ort durch deine Augen.
Was siehst du? Was fühlst du an diesem Ort?

Tipp: So kannst du beginnen: Als ich am letzten Wochenende bei meiner Oma war, musste ich in den Keller gehen, um Marmelade zu holen. Ich ...

 **1** Welche Personen kommen in deiner Geschichte vor?
Welche besonderen Eigenschaften haben sie?
Schreibe sie auf die roten Linien.

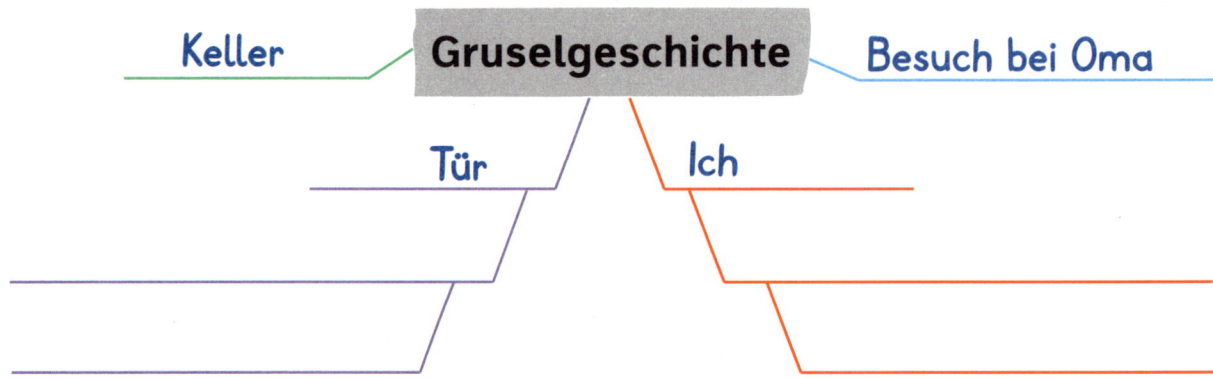

Keller — **Gruselgeschichte** — Besuch bei Oma

Tür — Ich

2 Lass etwas passieren, damit sich andere beim Zuhören und Lesen gruseln.
Überlege: Was erlebst du? Was findest du?
Schreibe es auf die lila Linien.

3 Schreibe deine Geschichte weiter.

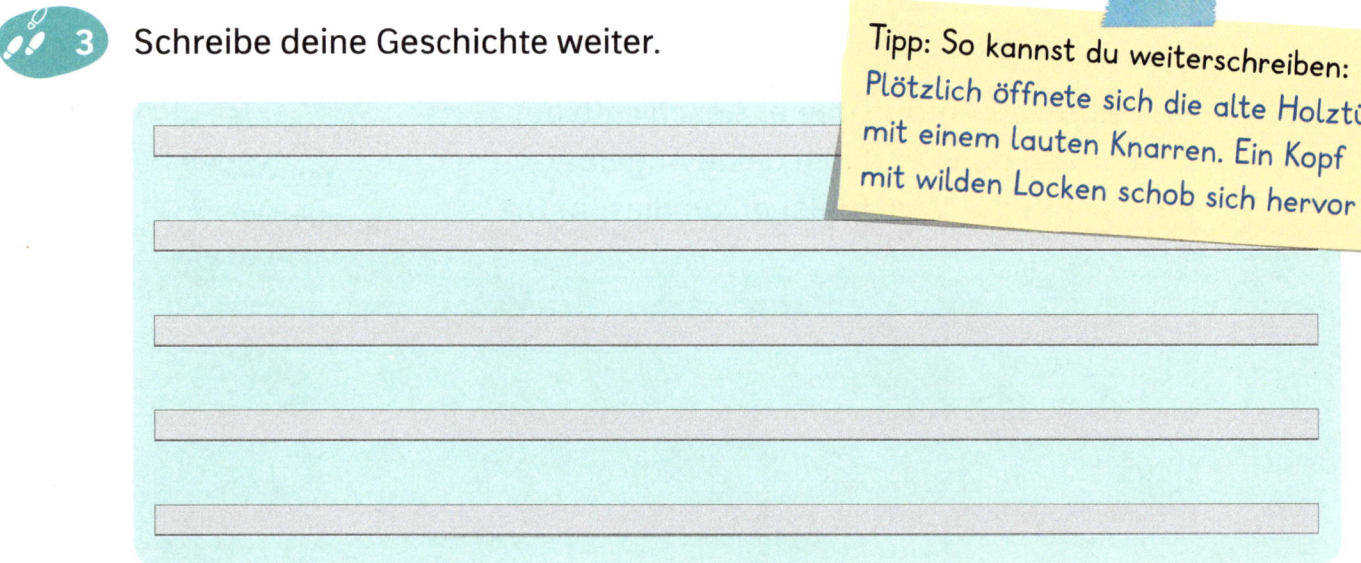

Tipp: So kannst du weiterschreiben:
Plötzlich öffnete sich die alte Holztür
mit einem lauten Knarren. Ein Kopf
mit wilden Locken schob sich hervor ...

4 Schreibe den Schluss
zu deiner Geschichte auf.

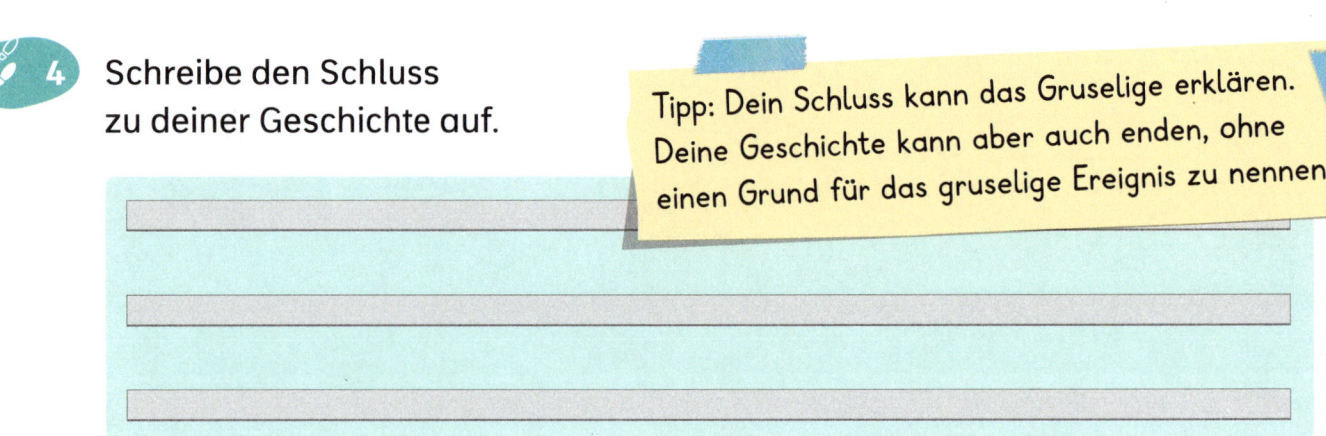

Tipp: Dein Schluss kann das Gruselige erklären.
Deine Geschichte kann aber auch enden, ohne
einen Grund für das gruselige Ereignis zu nennen.

1 Beschreibe die Nomen genauer. Verwende passende Adjektive.

	bequem		grün		wild		schief

Das Sofa ist bequem. – das bequeme Sofa

2 Finde den passenden Gegensatz und schreibe auf.

Das Glas ist nicht **leer**, sondern _____.
Das Kind ist nicht mehr **krank**, sondern _____.
Die Kleidung ist nicht **feucht**, sondern _____.

3 Vergleiche und schreibe Sätze auf.

Lulu	1kg 1kg 1kg		
Paul	1kg		
Umut	1kg 1kg		

Lulus Gewichte sind schwerer als Umuts Gewichte.

› Merkmale von Adjektiven kennen
› grundlegende sprachliche Begriffe kennen: Adjektive
› Sprachbuch, Seite 82
73

 **1** Vergleiche und ergänze in den Sätzen die passenden Formen.

 voll

Umuts Teller ist _____.
Pauls Teller ist _____.
Elsas Teller ist _____.

 **2** Ergänze die fehlenden Formen in die Tabelle.

Grundform	1. Vergleichsform	2. Vergleichsform
deutlich		
		am stärksten
	schwächer	

 **3** Ergänze die fehlenden Formen.

Grundform	1. Vergleichsform	2. Vergleichsform
viel		
gern		

 **4** Vergleiche mit Adjektiven. Schreibe die Sätze auf..

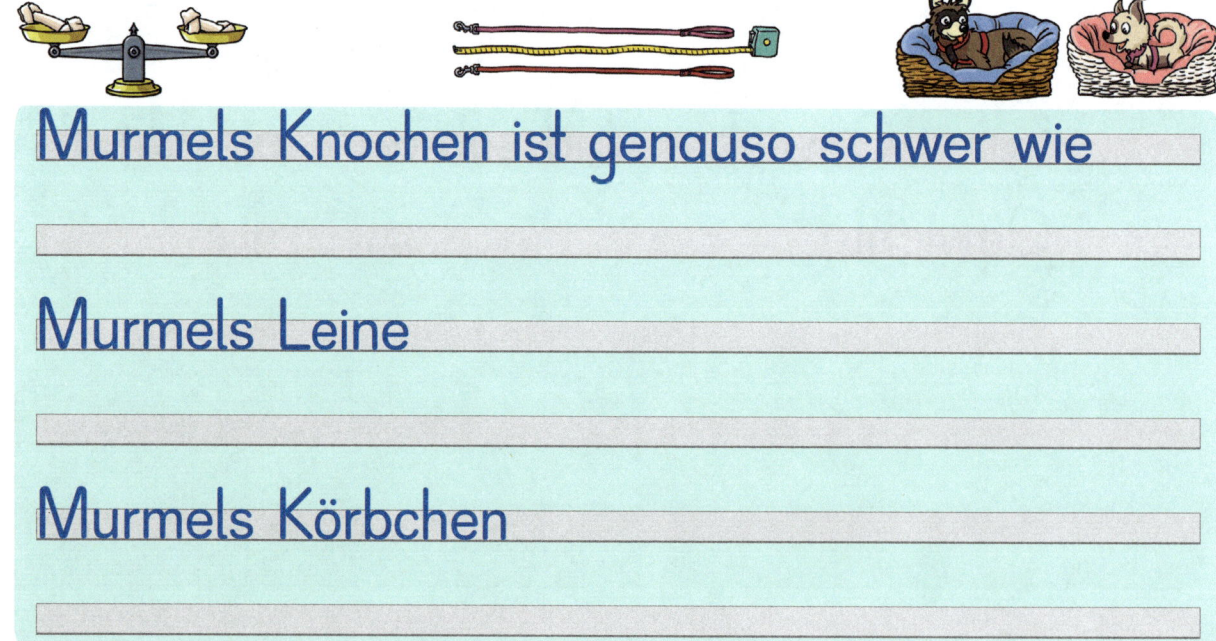

Murmels Knochen ist genauso schwer wie

_____

Murmels Leine

_____

Murmels Körbchen

_____

74
› Merkmale von Adjektiven kennen
› grundlegende sprachliche Begriffe kennen: Vergleichsformen
› Sprachbuch, Seite 83

 **1** Was nimmt Elsa mit? Schreibe auf.

Ich nehme mit ...

Koffer – eckig
Schal – empfindlich
Uhr – günstig
Puzzle – vollständig
Buch – witzig
Ausweis – wichtig

einen eckigen Koffer

_____

_____

_____

_____

_____

 **2** Finde das Gegenteil. Schreibe die Wortpaare auf.

sauber – _____   schön – _____   mutig – _____

teuer – _____   schwach – _____   falsch – _____

traurig – _____   faul – _____

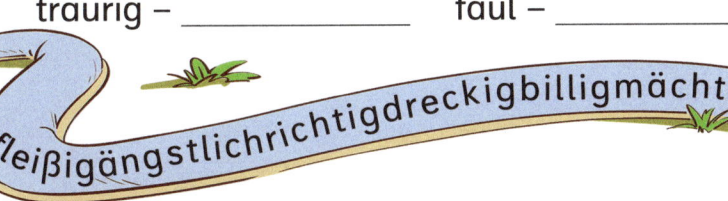

fleißigängstlichrichtigdreckigbilligmächtighässlichfröhlich

3 Finde das passende Nomen oder das passende Adjektiv.
Schreibe auf.

der Durst
das _____ Kind

die Kunst
die _____ Haare

das Gift
das _____ Kraut

die _____
der eckige Stein

das _____
das jährliche Fest

der _____
die schmutzigen Kleider

1 Finde die zehn versteckten Merkwörter und kreise sie ein.

U	U	G	H	A	I	B	E	M	A	I	E	R	K
D	K	D	C	V	U	J	O	O	F	O	R	F	I
S	A	S	L	M	A	I	K	Ä	F	E	R	T	S
A	I	C	A	N	E	I	E	I	J	U	Q	G	C
J	S	U	I	E	E	G	G	D	C	K	B	W	V
R	E	D	B	T	Z	Q	M	A	I	L	M	S	E
D	R	H	E	F	Q	A	K	X	R	E	N	Q	Q
P	D	M	R	M	E	D	A	I	L	L	E	W	R
D	G	A	R	Q	L	Y	J	I	B	S	B	P	T
T	T	R	A	I	N	E	R	G	U	U	J	V	I
I	R	P	V	X	E	S	X	V	D	H	M	Q	U
J	E	L	B	Q	M	H	Z	V	G	I	A	E	N
X	C	O	N	T	A	I	N	E	R	I	I	C	A
N	C	I	D	M	P	S	Z	D	M	I	S	D	K

2 Schreibe die Nomen aus dem Suchsel mit ihrem bestimmten Artikel auf.

3 Suche dir Merkwörter mit **ai** aus und schreibe Sätze mit ihnen.

› rechtschreibwichtige Wörter normgerecht schreiben
› Rechtschreibstrategien verwenden: Merken, Einprägen
› besondere Buchstabenfolgen kennen: ai

› Sprachbuch, Seite 86

1 Welche Wörter passen in die Sätze?
Trage sie ein.

Ochsen	Luchs	erwachsen	Wachs	sechs	Eidechse

Dachs   wechseln   Fuchs   wachsen

Lachs   Gewächs   Nachwuchs   Achseln

Der __ __ __ __ __ hat ein rötliches Fell.

Der __ __ __ __ __ __ hat ein gestreiftes Gesicht
und eine lange Nase.

Der __ __ __ __ __ ist ein Fisch.

Unsere Katze bekommt __ __ __ __ __ __ __ __ __ .

Der __ __ __ __ __ ist ein Tier des Waldes.

Eine __ __ __ __ __ __ __ __ ist ein Kriechtier.
Sie sonnt sich oft auf Mauern.

Ich bin kitzelig unter meinen __ __ __ __ __ __ __ .

In unserem Garten __ __ __ __ __ __ __ große Blumen.

2 Schreibe mit den übrigen Wörtern aus dem Kasten eigene Sätze.
Kreise das **chs** ein.

› rechtschreibwichtige Wörter normgerecht schreiben
› Rechtschreibstrategien verwenden: Merken, Einprägen
› besondere Buchstabenfolgen kennen: chs

› Sprachbuch, Seite 87

77

1 Löse das Kreuzworträtsel.

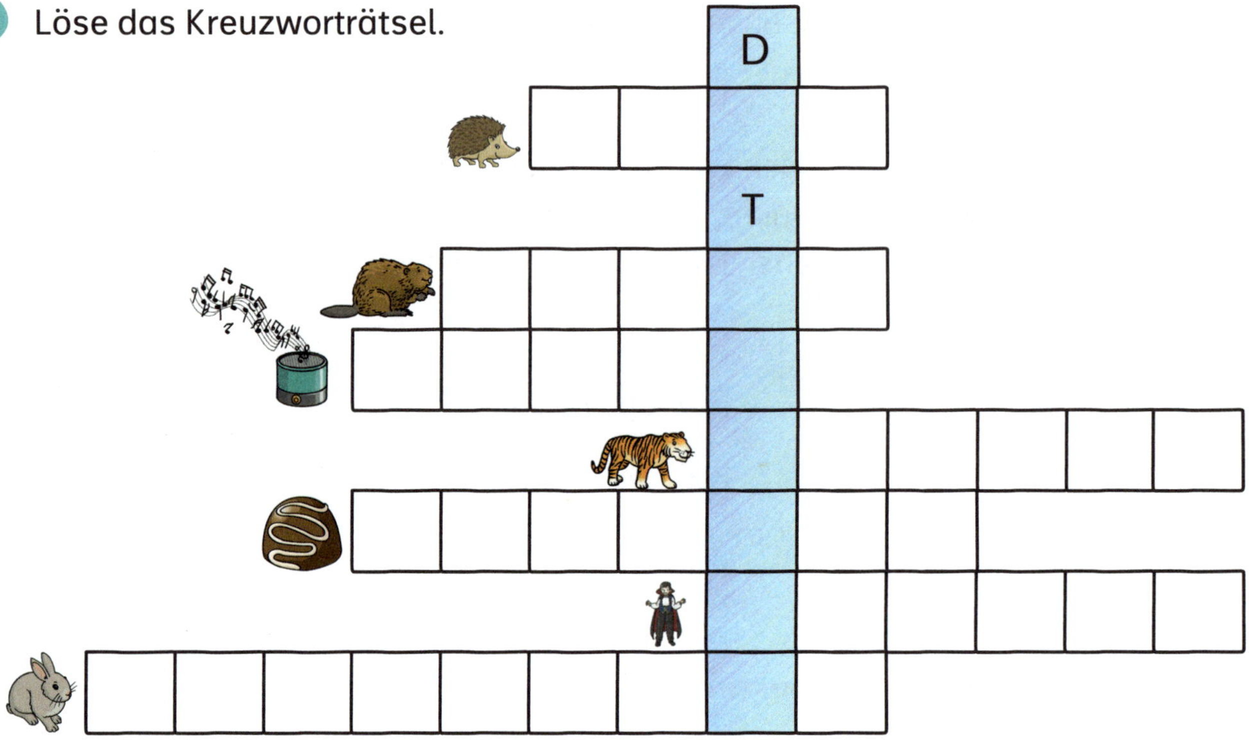

D
T

Lösungswort: | D | | T | | | | | | |

2 Schreibe die Merkwörter nach dem Abc geordnet auf.

3 Welche Wörter verstecken sich hier? Schreibe die Wörter auf.

| a | sch | e |
| | M | n | i |

| a | r | r | e |
| | t | i | G |

| a | | m | K |
| | | i | n |

| pf | A | l | e |
| s | i | e | n |

| i | n | e |
| | R | u |

| t | i | r |
| | e | L |

| M | e | t |
| | i | n | u |

› rechtschreibwichtige Wörter normgerecht schreiben
› Rechtschreibstrategien verwenden: Merken, Einprägen
› besondere Buchstabenfolgen kennen: unmarkiertes, langes i

› Sprachbuch, Seite 88, 89

1 Ordne die Fremdwörter ihren Erklärungen zu.

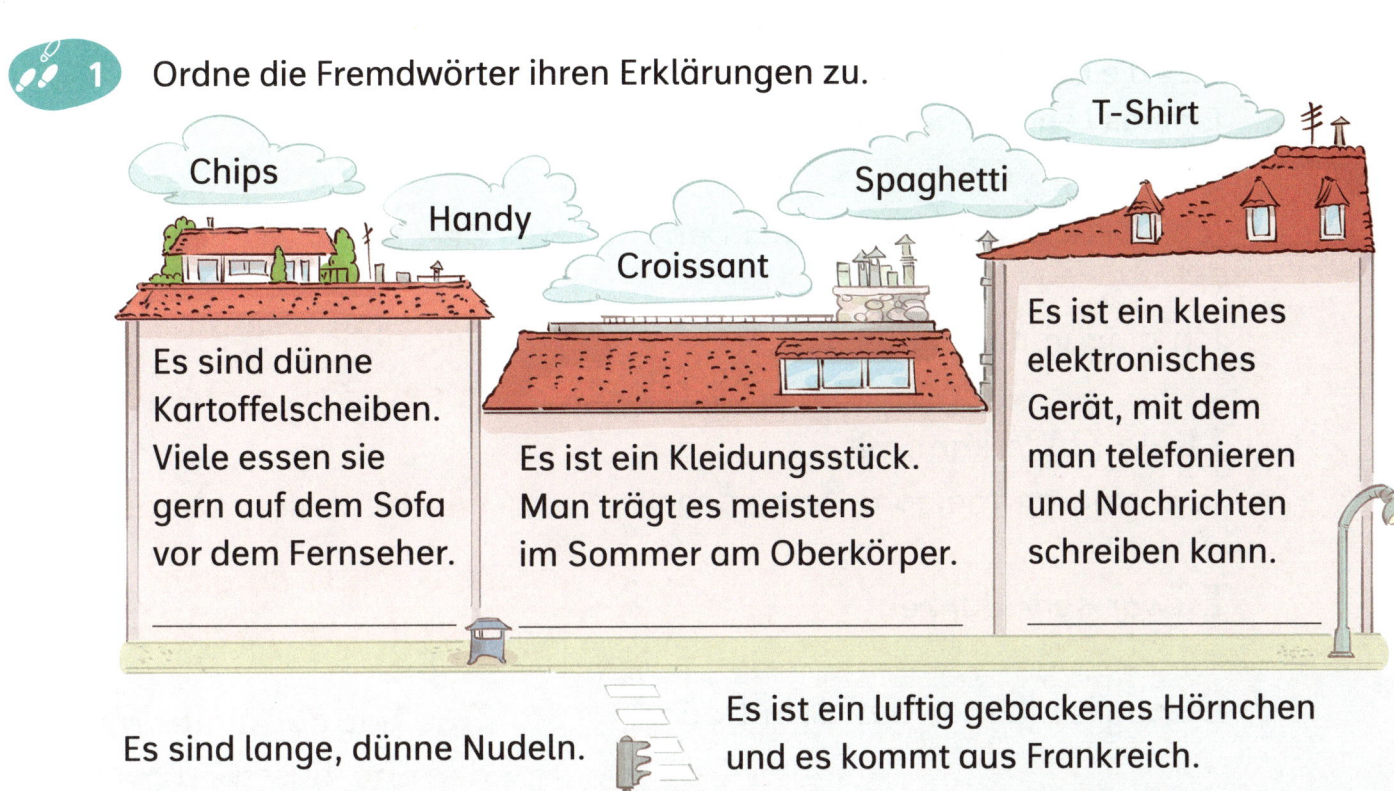

Chips

Handy

Croissant

Spaghetti

T-Shirt

Es sind dünne Kartoffelscheiben. Viele essen sie gern auf dem Sofa vor dem Fernseher.

Es ist ein Kleidungsstück. Man trägt es meistens im Sommer am Oberkörper.

Es ist ein kleines elektronisches Gerät, mit dem man telefonieren und Nachrichten schreiben kann.

Es sind lange, dünne Nudeln.

Es ist ein luftig gebackenes Hörnchen und es kommt aus Frankreich.

2 Suche dir Fremdwörter aus und schreibe eigene kleine Rätsel.

| Toast | Jeans | Internet | Restaurant |
| Pullover | Comic | Camping | Teddy |

› rechtschreibwichtige Wörter normgerecht schreiben
› Rechtschreibstrategien verwenden: Merken, Einprägen
› Wörter aus anderen Sprachen kennen und schreiben

› Sprachbuch, Seite 90, 91

79

 **1** Lies die Gruselgeschichte von Emma.
Emmas Lehrerin hat auch schon etwas dazu geschrieben.

Ich hörte ein Geräusch aus dem Keller.	Beschreibe das Geräusch.
Ich ging in den Keller.	Wie sieht es in dem Keller aus?
Meine Katze kam mit und ging an meinem Bein vorbei.	Wie fühlt sich das an?
Es war sehr dunkel.	Wie fühlst du dich? Hörst oder riechst du etwas?
Da lag ein Eimer auf dem Boden.	Was hat der Eimer mit dem Geräusch zu tun? Was denkst du?
Ich hob ihn auf.	
Dann ging ich wieder die Treppe hoch und legte mich ins Bett.	Wie fühlst du dich jetzt?

 **2** Überarbeite die Geschichte und mache sie gruseliger.
Nutze die Kommentare der Lehrerin.

› Text an der Schreibaufgabe überprüfen   › Sprachbuch, Seite 93
› Texte sprachlich optimieren

Abenteuer im Campingurlaub

In den großen Ferien fuhren wir ins Campinglager für Kinder. Lulu, Paul, Umut und ich erlebten eine wilde, witzige und abenteuerliche Ferienfreizeit. Die aufregenden Tage vergingen wie im Flug. Mit dreckigen Füßen und glücklichen Gesichtern fielen wir abends auf unsere harten Matratzen. Das laute und stürmische Rascheln der Bäume hatte einen gespenstischen Klang. Unsere ängstliche und empfindliche Freundin Lulu schlief immer neben uns. Als stolze und schmutzige Kinder fuhren wir nach einer Woche zurück nach Hause.

1 Suche schwierige Wörter und schreibe sie auf.

2 Kreise die Lupenstellen ein.

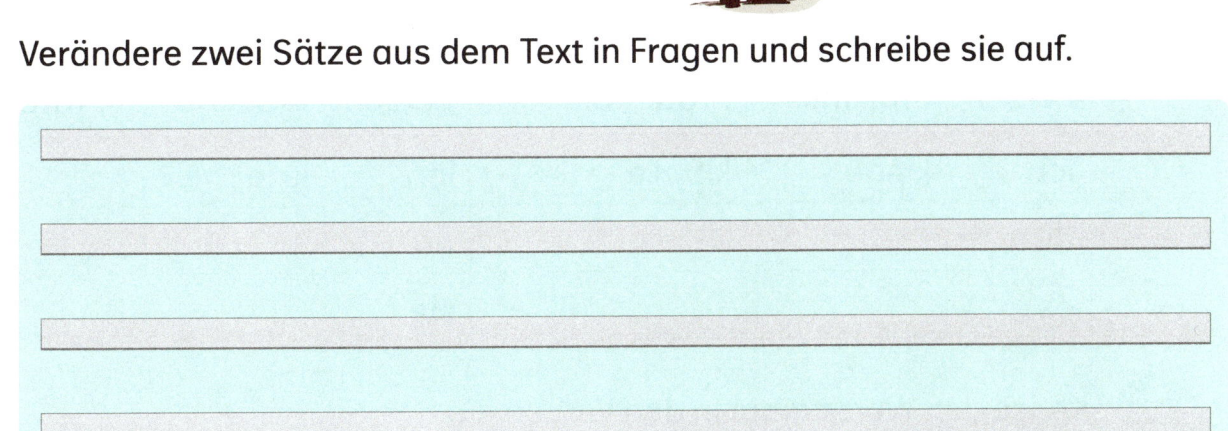

3 Kreise im Text alle Adjektive ein.

4 Verändere zwei Sätze aus dem Text in Fragen und schreibe sie auf.

› Übungsformen selbstständig nutzen
› an Wörtern und Texten arbeiten
› Fragesätze kennen

› Sprachbuch, Seite 94, 95

81

 **1** Bilde aus den Nomen Adjektive. Schreibe sie auf.

> der Witz   das Abenteuer   der Dreck   das Glück   die Angst   der Schmutz

 **2** Finde die Nomen mit der Schiebewortprobe.
Schreibe die Sätze erweitert auf.

Wechseln Lachse bei Regen die Straßenseite?

Wechseln dicke Lachse

Den Schmutz kippen Affen einfach in die Ecken.

Die Schnecke kriecht in ihr Schloss.

 **3** Schreibe die Personalformen im Präsens und im Präteritum auf.

Person	Präsens	Präteritum
ich	kippe	kippte
du		
es		

Person	Präsens	Präteritum
ich	krieche	
du		
sie		

 **4** Kreise den Wortstamm in den Verben ein.

› Übungsformen selbstständig nutzen
› Rechtschreib- und Grammatikwissen anwenden

› Sprachbuch, Seite 94, 95

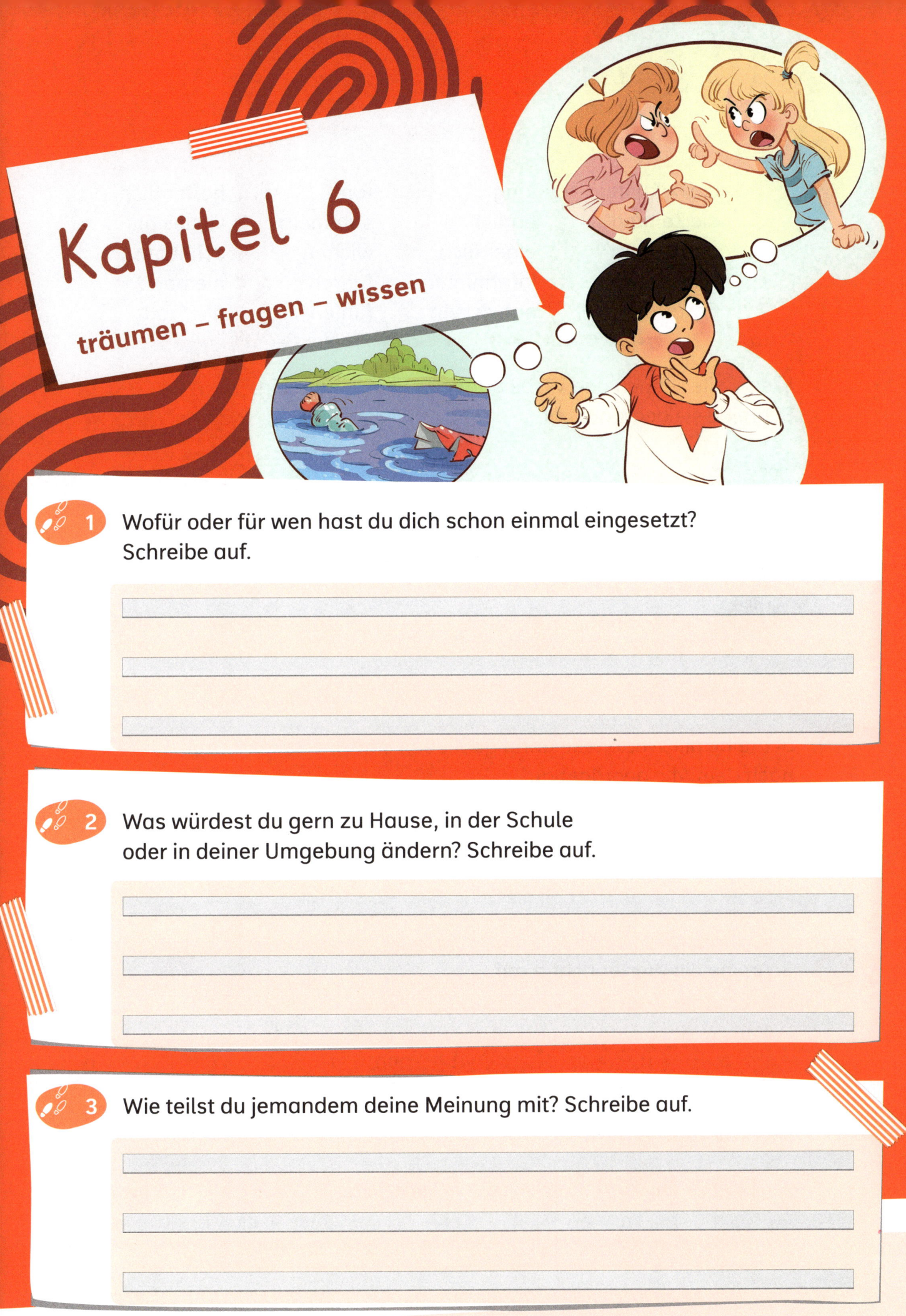

Kapitel 6

träumen – fragen – wissen

1 Wofür oder für wen hast du dich schon einmal eingesetzt? Schreibe auf.

2 Was würdest du gern zu Hause, in der Schule oder in deiner Umgebung ändern? Schreibe auf.

3 Wie teilst du jemandem deine Meinung mit? Schreibe auf.

die Zukunft | klug | fair | hoffentlich
die Zeitung | ehrlich | sammeln | vielleicht
sich ärgern | eigentlich | wichtig | schützen
die Chance | informieren | führen | niemand
erwarten | entwickeln | fühlen | die Stadt

1 Kreise alle Nomen und Verben aus der Schatzkiste ein.
Schreibe sie geordnet auf.

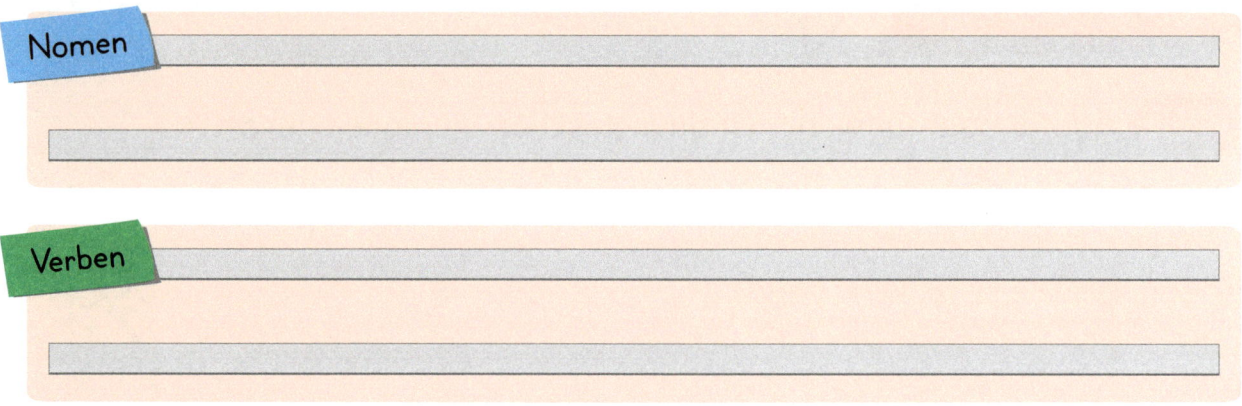

Nomen

Verben

2 Schreibe die Wörter, die übrig geblieben sind,
nach dem Abc geordnet auf.

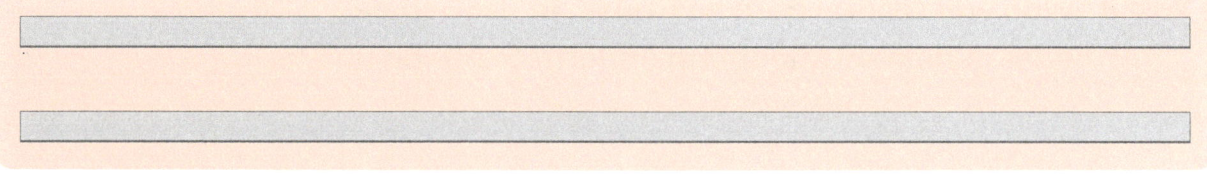

3 Schreibe die Wörter richtig auf.

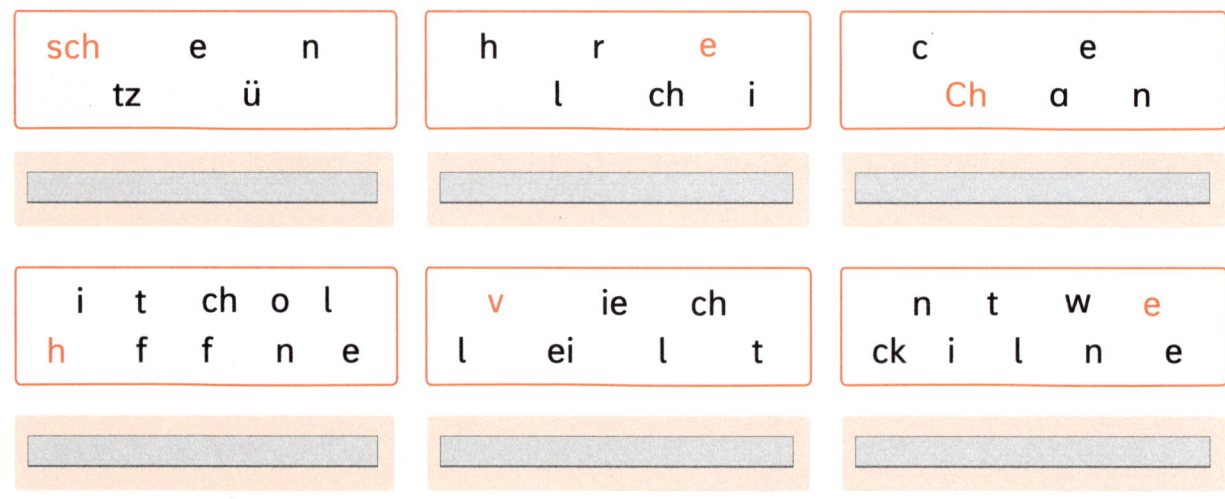

sch   e   n
   tz   ü

h   r   e
   l   ch   i

c   e
   Ch   a   n

   i   t   ch o l
h   f   f   n   e

v   ie   ch
   l   ei   l   t

n   t   w   e
ck   i   l   n   e

› Wortschatz erweitern und selbstständig üben
› Alphabet als Ordnungssystem nutzen
› mit Sprache experimentell und spielerisch umgehen

› Sprachbuch, Seite 98

Argumente formulieren, einen höflichen Brief schreiben

Ein Kinder-Flohmarkt
in der Schule wäre doch toll!

Ob das die Schulleitung
für eine gute Idee hält?
Sie befürchtet immer,
dass wir danach so viel
aufräumen und putzen
müssen.

Lasst uns doch
einen Brief
schreiben.

 **1** Lege eine Liste mit Argumenten an, die die Kinder in einem Brief
nutzen könnten.

_____
_____
_____
_____
_____

2 Schreibe den Brief an die Schulleitung.
Nutze dafür die gesammelten Argumente.

› funktionsangemessen schreiben: Argumente
› strukturiert und adressatengerecht schreiben:
  formeller Brief

› Sprachbuch, Seite 98, 99

 **1** Kreise die Wortstämme einer Wortfamilie in derselben Farbe ein.

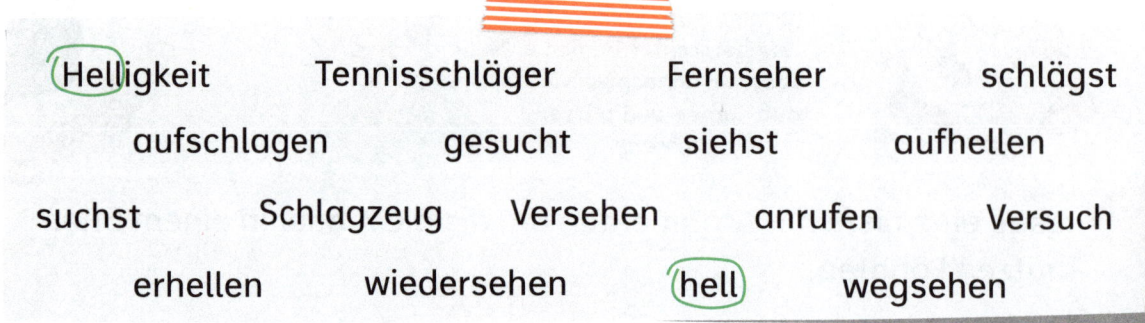

(Helligkeit)   Tennisschläger   Fernseher   schlägst

aufschlagen   gesucht   siehst   aufhellen

suchst   Schlagzeug   Versehen   anrufen   Versuch

erhellen   wiedersehen   (hell)   wegsehen

 **2** Schreibe jeweils zwei weitere Wörter zu jeder Wortfamilie auf.
Kreise den Wortstamm ein.

 **3** Streiche alle Verben durch, die es nicht gibt.

nachzählen   einzahlen   umzahlen   unterzählen   vorzählen

zählen   auszahlen   aufzählen   mitzählen   entzahlen   abzahlen

4 Wähle einige der übriggebliebenen Verben aus. Schreibe Sätze.

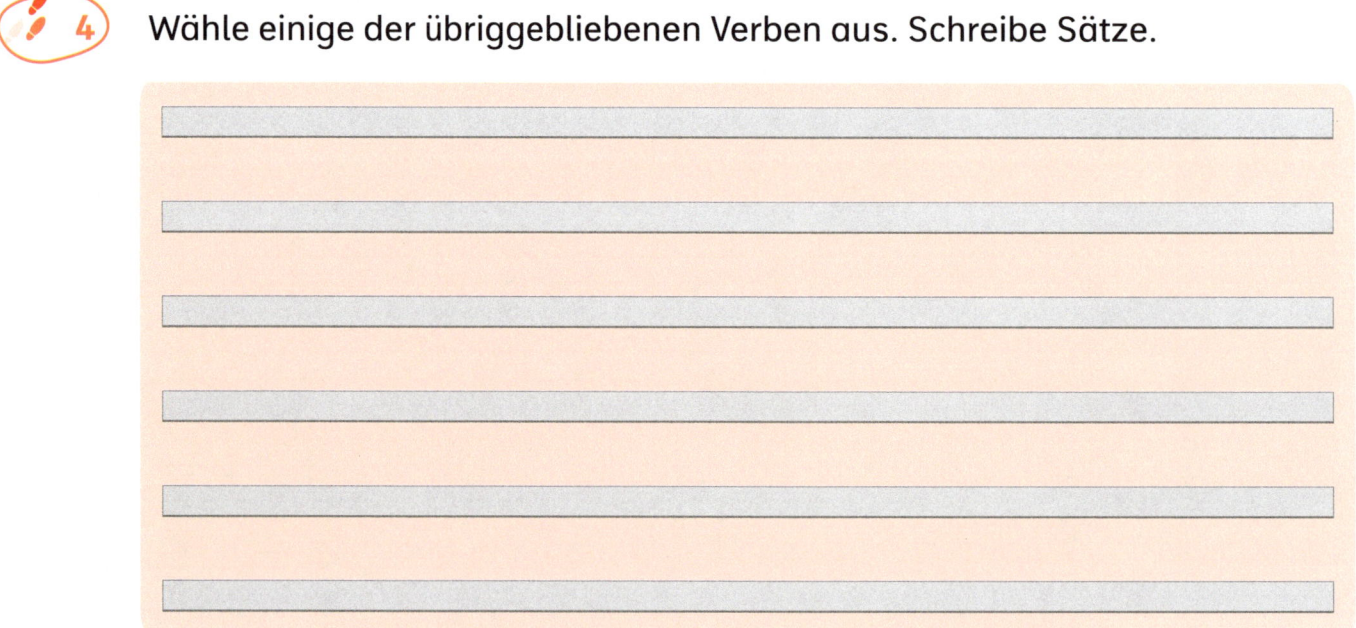

Nachgestellte Wortbausteine verwenden

Nichts als die Wahrheit, keine Fälschung!
Immer in Bewegung!
Teste deine Aufmerksamkeit!
Achtung!
Du stehst unter Beobachtung.
Das ist eine Besonderheit!

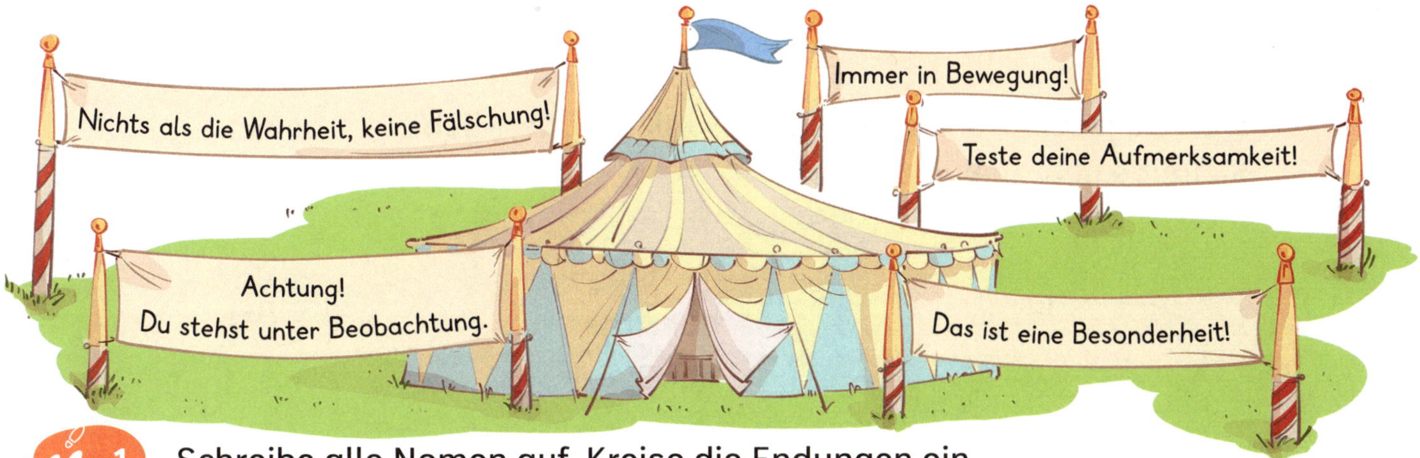

1 Schreibe alle Nomen auf. Kreise die Endungen ein.

2 Schreibe zu allen Nomen das passende Verb oder das passende Adjektiv auf.

Wahrheit – wahr,

3 Zu welchen Nomen kannst du Verben mit **-ieren** bilden? Schreibe auf.

Tisch	Kritik	Bleistift	Kasse	Sofa	Telefon	Heft
Galopp	Fahrrad	Lack	Alarm	Probe	Buchstabe	Hund

8

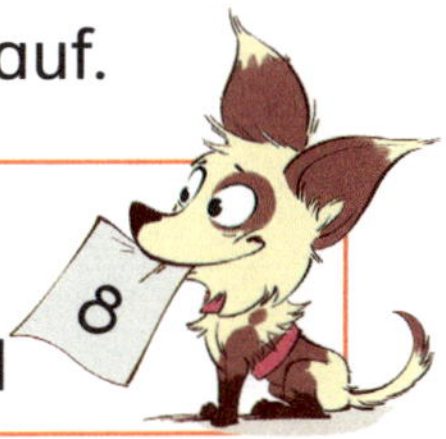

Kritik – kritisieren,

 **1** Bilde zu jedem Nomen ein Adjektiv mit **-ig** oder **-lich**.
Schreibe geordnet in die Töpfe.

ig

der Hunger
der Ärger
der Sport
das Wort
die Sonne
das Fest
der Witz
der Dreck

lich

 **2** Schreibe zu jedem Adjektiv das passende Nomen auf.

klebrig friedlich wellig sonnig luftig durstig mutig schattig

klebrig – der Kleber,

 **3** Suche dir Adjektive aus und schreibe mit ihnen Sätze.

Ein klebriges Kaugummi liegt auf dem Boden.

1 Bilde jeweils eine Wortfamilie zu den Wortstämmen.
Nutze auch vorangestellte und nachgestellte Wortbausteine.

FREUND

LES

2 Ordne die Wörter der beiden Wortfamilien nach Wortarten.

Nomen

Verben

Adjektive

3 Schreibe Sätze mit möglichst vielen Wörtern der Wortfamilien.

Den Wortstamm kennen und nutzen

1 Lies die Wörter auf den Notizzetteln. Kreise den jeweiligen Wortstamm ein. Streiche das Wort durch, das nicht zur Wortfamilie gehört.

Gefühl	fehlt	Steckdose	Weg
fühlen	fällen	versteckt	weckte
Fühler	Fehler	einstecken	aufwecken
füllen	verfehlen	Steg	geweckt

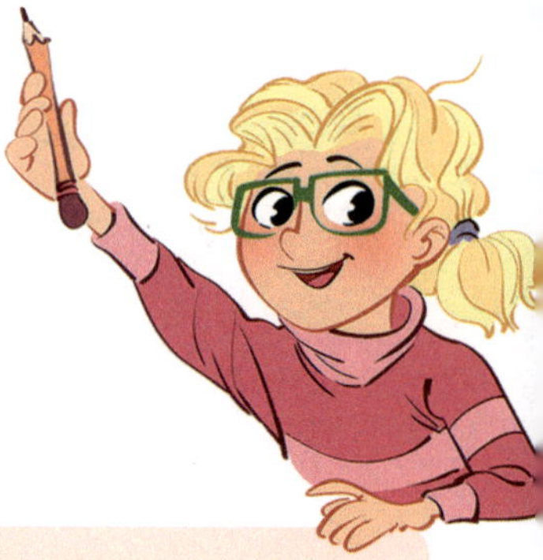

2 Trage die Wortstämme ein. Schreibe zu jedem Wortstamm zwei weitere Wörter auf und kreise den Wortstamm ein.

3 Kreise den Wortstamm ein. Finde weitere Wörter zu der Wortfamilie.

bestellen   Vorstellung

4 Schreibe Sätze zu Wörtern mit dem Wortstamm STELL.

› Rechtschreibstrategien verwenden: Wortstamm beachten
› morphematische Strategie anwenden
› Schreibweise des Wortstamms auf Wortfamilie übertragen

› Sprachbuch, Seite 106, 107

 **1** Lies die Rätselkarten und schreibe die Lösungswörter auf.
Zu welchem Wortstamm gehören die Wörter? Trage ein.

Sie befinden sich im Mund: _____	Eine Spange im Mund heißt: _____	Ein Arzt, der sich um das Innere unseres Mundes kümmert, ist ein: _____

Eine Bürste für den Mund heißt: _____		Eine besondere Fee, die etwas unter das Kopfkissen legt, nennt man: _____

2 Finde weitere Wörter zu dieser Wortfamilie. Kreise den Wortstamm ein.

3 Bilde Wörter zu der Wortfamilie.
Kreise den Wortstamm ein.

Wortstämme können sich auch verändern. Aus spring kann auch sprung oder sprang werden: Sprungturm, sprangen.

SPRING

ge- auf- -brunnen Turm- -haft
-er Weit- -turm
weg- ab- -grube -en

› Rechtschreibstrategien verwenden: Wortstamm beachten
› morphematische Strategie anwenden
› Schreibweise des Wortstamms auf Wortfamilie übertragen

› Sprachbuch, Seite 106, 107

91

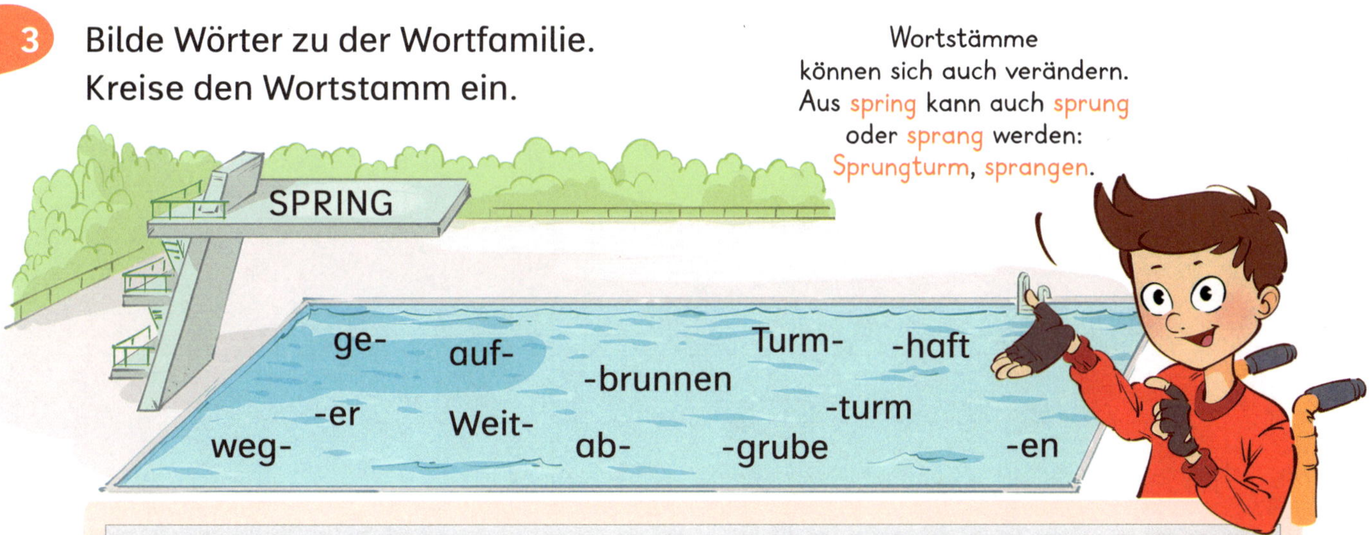

Gibt es ein verwandtes Wort
mit a oder au,
schreibst du ä oder äu.

 **1** Setze **ä/e** oder **äu/eu** ein.

aufw____rmen	Verk____fer	Bl____tter	F____ld
L____fer	f____rben	L____te	Tr____me
____nde	F____er	____nte	z____hlen
Abf____lle	n____n	Geb____de	F____nster
R____ber	n____	t____glich	Pf____ffer

 **2** Schreibe alle Wörter mit **ä** oder **äu** in die Tabelle.
Schreibe zu jedem Wort ein verwandtes Wort mit **a** oder **au** dazu.

ä-Wort oder **äu**-Wort	verwandtes Wort mit **a** oder **au**
aufwärmen	warm

 **3** Setze **ä/e** oder **äu/eu** ein.
Schreibe die Wörter mit **ä** und **äu** mit ihren verwandten Wörtern auf.

er h____lt   sie st____ckt   er sch____nkt   es sch____mt

› Rechtschreibstrategien verwenden: Wortstamm beachten   › Sprachbuch, Seite 108
› morphematische Strategie anwenden: Ableiten
› Schreibweise des Wortstamms auf Wortfamilie übertragen

 **1** Trenne die Wörter sinnvoll und schreibe sie auf.

> ~~Panzerknackerwerkzeug~~ Detektivausweis Taschenlampenlicht
> Banktresorräuber Fußspurenabdruck Passwortkontrolle

Panzer-knacker-werkzeug,

2 Lies Elsas Text. Schreibe ihn für Elsa
mit einer sinnvollen Worttrennung am Zeilenende auf.

> **Das neue Fahrrad**
> Endlich konnte ich das neue Rad ausprobieren.
> Nun radle ich stolz durch den Straßenverkehr.
> Dabei ist wichtig: Ich muss immer gut aufpassen.
> Auch die Verkehrszeichen muss ich stets beachten.

› Worttrennung zwischen Wortbausteinen und Komposita
  kennen und für eigene Texte nutzen   › Sprachbuch, Seite 109   **93**
› Worttrennung am Zeilenende üben

 **1** Lies Maries Brief an den Bürgermeister.

Hallo Bürgermeister,   Neustadt

ich wende mich heute mit einer wichtigen Bitte an dich.
Vor unserer Schule müssen viele Kinder eine stark befahrene Straße
überqueren. Leider gibt es dort keinen Zebrastreifen
und keine Fußgängerampel. Alle Autos fahren viel zu schnell.
Die Kinder rennen einfach so über die Straße. Denk doch mal nach!
Wir brauchen dringend einen Zebrastreifen oder eine Ampel.
Mehr fällt mir jetzt nicht mehr ein. Das war's.

Marie

 **2** Was muss Marie verbessern? Unterstreiche im Brief.

 **3** Schreibe Maries Brief überarbeitet auf.

› Texte an der Schreibaufgabe überprüfen   › Sprachbuch, Seite 111
› Text sprachlich optimieren

 **1** Kreise die Fehler ein und schreibe die Sätze richtig auf.

Umuts Traum

schon seit Umut im Kindergarten ist, treumt er vom Fliegen. ||

Er hat Viele Bücher darüber gelesen ||

Sein Lieplingsbuch handelt von der erfindung des Flugzeuks. |||

letztes Jahr besuchte Umut zum ersten Mal einen Flughafn. ||

Er beobachtete die flugzeuge bei Start und landung. ||

In den Somerferien fliegt er zum ersten Mal in den Urlaup. ||

› Übungsformen selbstständig nutzen   › Sprachbuch, Seite 112, 113
› über Fehlersensibiltät und Rechtschreibgespür verfügen

95

 **1** Schreibe zu jeder Aussage Beispiele oder Sätze auf.

1. In einem Aussagesatz steht das Verb an zweiter Stelle.

2. Ausrufesätze enden mit einem Ausrufezeichen.

3. Nomen kann man zusammensetzen.

4. Verben können in unterschiedlichen Zeiten stehen.

5. Mit Adjektiven kann man vergleichen.

6. Vorangestellte Wortbausteine verändern die Bedeutung des Verbs.

7. Nachgestellte Wortbausteine verändern die Wortart.

› Rechtschreib- und Grammatikwissen anwenden
› grundlegende sprachliche Begriffe und Strukturen kennen
› Sprachbuch, Seite 112, 113